그래서
어떻게 하면
집중할 수
있습니까?

하기 싫은 마음을 하고 싶은 행동으로 바꾸는 법

그래서
어떻게 하면
집중
할 수 있습니까?

니시오카 잇세이 지음 · 강다영 옮김

매일경제신문사

'집중하는 법'을
배워본 적이 있나요?

지금 이 책을 손에 들고 있는 사람이라면 평소 산만한 편이거나 최근 들어 집중력이 떨어져 공부나 일이 잘 풀리지 않아서 고민하고 있는 경우가 아닐까 생각합니다. 그 고민을 나도 아주 잘 압니다.

말하기 부끄럽지만 초등학교 때 내 별명은 '작심삼일'이었습니다. 공부, 운동, 독서, 그 무엇에도 제대로 집중하지 못했고, 어떤 일이든 시작은 거창했으나 끝은 흐지부지 됐습니다.

한마디로 집중력이 없는 전형적인 '공부 못하는 아이'

였습니다. 도무지 공부 체질이 될 수 없어서 시험공부도 벼락치기로 해내곤 했습니다.

그렇게 늘 학년 꼴지를 벗어나지 못했던 아이가 어느 날 일본 명문이라는 도쿄대학교를 가기로 결심했다고 하니 부모님은 물론 주변의 반응은 놀라움 반, 놀림 반이었습니다.

당시 고등학교 2학년이었던 나의 성적은 학년 꼴지 수준이었습니다. 지금껏 공부를 제대로 해본 적이 없었기 때문에 공부하는 습관 따위는 전혀 몸에 배어 있지 않았고, 책상에 자리 잡고 앉으면 15분도 지나지 않아 '아, 피곤해! 이제 좀 쉬고 싶어!'라는 생각을 하곤 했습니다.

자연스럽게 '집중'은 '오랜 시간 동안 한 가지 일을 계속해야만 하는 힘들고 지루하고 고통스러운 일'이라는 이미지로 각인됐습니다. 그럼에도 불구하고 노력하면 미래를 바꿀 수 있을 거라고 기대하며 매일 독서실로 향했습니다.

"노력은 배신하지 않는다"는 명언을 부적인 양 독서실 책상 위에 붙여두기도 했습니다. 난생처음 해보는 공부라 쉽지 않았지만, 에너지드링크와 커피를 보약처럼 마시며 공부에 집중하도록 나를 다그쳤습니다. 그렇게 의지로 1년간 공부를 해나갔습니다.

노력이 배신할 줄은 몰랐다

그래서 결과가 뭐냐고요? 숨길 것도 없이 바로 말씀드리면, 불합격!

아쉬워하기가 민망할 정도로 완벽하게 떨어졌습니다. '그래, 제대로 하는 공부는 처음이었으니까 부족할 수 있지. 좀 더 나를 채찍질해보자!'라는 생각으로 재수를 결심하고 1년 더 공부했습니다.

흠, 이번에도 아슬아슬하게 턱걸이도 아니고 제대로 떨어졌습니다. 열심히 노력했음에도 기대한 결과가 나오지 않아서 무척이나 괴로웠습니다. 강한 멘탈의 소유자라고 자신했는데 두 번의 실패를 경험하니 의욕이 확 꺾여버렸습니다. 한동안 책을 거들떠보지 않고 누워만 있을 정도로 절망적인 기분이었습니다.

그러던 어느 날 문득 한 가지 생각이 스쳤습니다.

'혹시 내가 하는 공부법이 잘못됐나?'

정말 미치도록 궁금했습니다. '노력의 정도'를 점수로 따질 수 있다면 거뜬히 상위를 차지할 거라고 믿어 의심 치 않았을 정도로 열심히 했으니까요. 결국 막다른 골목 에 몰리게 되니 변화를 결심할 수밖에 없었습니다.

그래서 내 공부법과 다른 사람의 공부법에 어떤 차이 가 있는지 비교해보기로 했습니다. 부끄러움을 무릅쓰고 도쿄대에 다니고 있는 친구들을 일일이 만나서 어떻게 공부했는지를 물어봤습니다. 그리고 도쿄대를 목표로 하 고 있는 우수한 성적의 수험생들을 찾아가 필기 노트를 보여 달라고 부탁했습니다.

그때서야 알게 됐습니다. 내가 지금까지 해온 집중은 '진짜 집중'이 아니었습니다.

명문대생의 합격 비결은 '무리하지 않는 집중'

나의 간절함이 통했는지 감사하게도 만난 모든 사람이 친절하게 응해줬습니다. 그들의 이야기를 들으면서 한 가지 공통점을 발견할 수 있었습니다. 그들 중 공부를 위해 억지로 참으면서 집중한 사람은 단 한 명도 없었습니다.

일류대 합격이라는 목표를 이루려면 1분 1초도 허투루 쓸 수 없는 것이 당연한데도 그들 중 누구도 무리하게 노력하지 않았습니다. 그저 머리가 좋았기 때문일까요? 그렇지 않습니다.

그들은 규칙적으로 휴식시간을 정해서 몸과 정신의 피로를 풀었고, 양보다 질을 우선으로 생각했습니다. 다른 사람과 똑같이 1시간을 공부하고도 훨씬 높은 효율을 내는 집중법을 알고 있었습니다.

그리고 마치 사전에 짠 것처럼 하나같이 이렇게 말했습니다.

"공부는 집중력이 가장 중요한데, 참는 건 집중이 아니다. 진짜 집중은 무리하지 않고 즐기는 것이다."

인내하는 집중　　즐기는 집중

X　　O

　애초에 그런 식으로 공부를 대하는 사람들을 내가 이길 수 있을 리가 없었습니다. 무조건 책상에 오래 앉아 있는 게 최고의 공부법이라고 생각했던 나는 상대조차 될 수 없었던 것입니다.

　그때부터 나는 '집중'에 대해 연구하기 시작했습니다. 그러자 공부를 하는 자세는 물론 생각 자체가 확연히 달라졌습니다. 그 결과 도쿄대 모의고사에서 전국 4등을 했고, 당당하게 합격했습니다.

학년 꼴찌가 학생을 가르치게 되다

　그 후 학생임에도 이례적으로 출판사 고단샤講談社의 만화 《드래곤 사쿠라 2ドラゴン桜 2》의 책임편집자가 되어

도쿄대생 중에서도 성적이 최상위권인 100명의 공부법을 조사하는 '도류몽東龍門'의 리더로 활동하고 있습니다.

전편인 《드래곤 사쿠라》는 꼴찌 학생들을 도쿄대에 진학시키기 위해 고군분투하는 내용인데, 드라마까지 제작되어 엄청난 인기를 모았던 만화입니다(국내에서도 2010년 〈공부의 신〉이라는 제목의 드라마로 리메이크해서 방영했다_옮긴이).

나는 점점 더 '집중'에 모든 생각을 '집중'하게 되었고, 여러 시행착오를 거쳐 누구라도 쉽게 실천할 수 있는 집중법을 개발했습니다. 이를 '도쿄대식 초집중 기술'이라고 이름 붙였습니다.

지금은 이 방법을 토대로 전국 4개 고등학교에서 직접 학생들을 가르치고 있습니다. 실제 성공 사례를 만들기 위해 출판사와 협업해 추진하고 있는 '리얼 드래곤 사쿠라 프로젝트'입니다.

처음에는 "공부하기 싫어요!", "뭘 해도 나는 집중이 안 된다고요"라고 외치던 아이들이 공부에 재미를 붙이기 시작하며 적극적으로 수업에 참여하고 있습니다. 뿐만 아니라 글씨가 반듯해지고, 공부 외에 자신이 흥미를 갖고 있는 것에도 집중력을 발휘해 꾸준하게 지속하는 모습을 보여줬습니다.

학생들의 긍정적인 변화를 가까이에서 지켜볼 수 있다는 것은 큰 기쁨이었습니다. 나에게도 좋은 자극이 되어 이 기술을 더 많은 사람에게 알리고 싶다는 새로운 꿈이 생겼고, 결과적으로 이 책을 집필하게 되었습니다.

위기를 기회로 바꾸는 초집중의 힘

살다 보면 누구에게나 공부, 시험, 면접, 발표 등 자신의 능력을 발휘해야 하는 중요한 순간들이 찾아옵니다. 이때 최선의 결과이자 최고의 성과를 내는 데 결정적인 역할을 하는 것이 바로 '집중력'입니다.

2018년 문구 전문 기업 펜텔Pentel에서 도쿄대학교 재학생과 졸업생을 대상으로 조사한 결과, 약 60퍼센트가 시험에서 가장 중요한 것이 집중력이라고 답했습니다.

쉽게 말해 집중력은 배의 모터와 비슷합니다. 거친 파

도를 뚫고 앞으로 나아가기 위해서는 강력한 모터가 필요하죠. 마찬가지로 공부든 일이든 지속적으로 잘 해내기 위해서는 초집중력이 필요합니다.

집중력이 낮으면 금방 주의가 산만해지고 이해력이나 암기력, 심지어 판단력까지 떨어지게 됩니다. 학생이나 수험생의 경우 똑같은 시간을 공부하더라도 집중력의 질에 따라 성적의 차이가 크게 벌어질 수밖에 없습니다.

시험의 성패는 '학습 시간'이 아니라 '학습 효율'로 결정되기 때문입니다.

또한 회사원이나 창의적인 일을 하는 사람의 경우에도 동일하게 적용됩니다. 집중력이 낮으면 일의 능률이 떨어지고 의욕도 상실해서 업무 스트레스가 계속 쌓이게 됩니다. 건강의 적신호가 되기도 하죠.

반면 집중력이 좋은 사람들은 그다지 노력하는 것처럼 보이지 않는데 일을 쉽게 처리하며 남보다 높은 성과를 냅니다. 그런 사람일수록 상사나 동료의 신뢰를 얻고, 출세도 빠릅니다.

안 되던 사람에서 되는 사람으로

미디어와 과학 기술이 비약적으로 발전하면서 우리는 거대한 정보의 홍수에서 살게 되었습니다. 생활이 편리해진 반면, 많은 사람이 그 속에 휩쓸려 주의력과 판단력, 그리고 집중력을 잃고 있습니다.

점점 더 예측이 어려워지는 앞으로의 시대에 우리에게 필요한 것은 근성으로 밀어붙이는 '인내하는 집중'이 아니라, 효율적으로 몰입하는 '즐기는 집중'입니다.

여러분은 집중력에 대해 어떻게 생각하나요? 의식하지 않는 사이에 집중하게 되는 경우가 대부분일 것입니다. 자기도 모르게 빠지는 상태를 '즐기는 집중'이라고 말할 수 있습니다. 도쿄대생이 밝힌 공부법의 정체이자 앞으로 이 책에서 다룰 주제이기도 합니다. 어떤 상황에서도 무리하지 않고 스르륵 빠질 수 있는 '초집중 기술'에 대해 소개하겠습니다.

집중하는 법을 배우고 싶은 여러분에게 이 책을 읽는 것 또한 도전이 되리라 생각합니다. 한때 나는 '신이 나를 인간으로 만들다 말았나?' 생각할 정도로 집중력이라곤 전혀 없었습니다. 지나치게 산만해서 부모님의 속을 썩였고, 매번 최하위 성적표를 받았기 때문에 반에서 '꼴찌'로 불리는 것에도 부끄러움이 없을 정도였습니다.

보통이라고 하기에도 한참 모자랐던 내가 초집중을 경험한 것을 넘어 명문대에 합격하고, 현재는 수험생들에게 집중력을 높이는 공부법을 알려주는 사람이 되었습니다. 이런 나도 해냈기 때문에 여러분도 긍정적으로 변화할 수 있다고 자신합니다. 어떤 일을 하던지 스트레스 받지 않고 쉽게 몰입하면서 보람까지 느낄 수 있는 초집중의 즐거움을 보여드리고 싶습니다.

부디 포기하지 않고 마지막까지 이 책과 함께해주시길 바랍니다.

니시오카 잇세이

나는 어떤 성향의 사람일까

본론으로 들어가기에 앞서 자신이 어떤 성향을 갖고 있는지 간단하게 파악하는 테스트를 준비했습니다. 무리하지 않고 집중하는 비결 중 하나는 자신의 강점과 약점을 파악해서 가장 효과적인 '맞춤 집중법'을 찾는 것입니다.

또한 자신이 타고난 기질을 아는 것은 반복적으로 집중력이 흐트러지는 상황이나 작심삼일로 실패를 반복하는 일 등의 원인을 찾는 중요한 단서가 됩니다. 이에 관한 내용과 방법은 본문에서 자세히 소개하겠습니다.

우선 다음 질문을 보고 답해보세요.

우뇌 타입 or 좌뇌 타입

Q1 다른 사람한테 칭찬받을 때

A "재밌었어", "기뻤어"라며 감정을 표현해주면 기쁘다.

B 어떤 부분이 좋았는지를 논리적으로 말해주면 기쁘다.

Q2 다른 사람이 부탁할 때

A "너밖에 부탁할 사람이 없어"라고 감정적으로 말하면 마음이 움직인다.

B "너의 미래에도 도움이 될 거야"라고 합리적으로 말하면 마음이 움직인다.

Q3 새로운 일을 시작할 때

A 재미있을 것 같은 일을 하고 싶다.

B 논리적으로 납득할 수 있는 일을 하고 싶다.

결과: A가 많으면 우뇌 타입, B가 많으면 좌뇌 타입

신중파 or 행동파

Q1 "그 일은 가급적 빨리 해주세요"라는 부탁을 받았을 때

A '하루 안에만 끝내면 되겠지'라고 생각한다.
B '당장 처리하자'라고 생각한다.

Q2 공부나 일을 할 때

A 스케줄을 세세하게 계획한 뒤에 시작하는 경우가 많다.
B 스케줄을 정하지 않고 기분에 따라 해나가는 경우가 많다.

Q3 방학 숙제를 하거나 발표를 준비할 때

A 규칙적으로 나눠서 하는 편이다.
B 한꺼번에 해치우는 편이다.

결과: A가 많으면 신중파, B가 많으면 행동파

노력형 or 효율형

Q1 성적이나 성과를 올리고 싶을 때

A 보편적인 방식으로 최선을 다한다.
B 어떻게 해야 좋을지 나만의 방법을 모색한다.

Q2 선생님이나 상사가 일을 시킬 때

A 지시한 일이기 때문에 그냥 처리한다.
B 스스로 일하는 의미가 없으면 하고 싶지 않다.

Q3 달성하고 싶은 목표가 있을 때

A 최대한 노력해서 최고의 결과를 내고 싶다.
B 최소한의 노력으로 최고의 결과를 내고 싶다.

결과: A가 많으면 노력형, B가 많으면 효율형

| 차 례 |

들어가며   '집중하는 법'을 배워본 적이 있나요?   5
나는 어떤 성향의 사람일까   16

1장 우리는 왜 이렇게 집중하지 못할까?

: 집중력에 관한 오해 바로잡기

노력보다 좋아하는 마음을 찾을 것   25

집중은 비합리적일 때 더 잘 통한다   33

배우고 싶다면 앞으로 다가가라   40

2장 집중은 단호한 선택에서 시작된다

: 초집중 1단계_목표의 명확화

목표가 뚜렷할수록 집중의 힘이 강해진다   49

나도 모르는 빠져드는 집중의 비결   55

결심만 했을 뿐인데 결과가 달라졌다   61

실천편 1   목표는 숫자 1개로 정하라   68

실천편 2   모든 에너지를 한 지점으로 모아라   74

실천편 3   머리에서 마음으로 긍정하라   79

시작이 어려운 건 정말 어렵기 때문이다   89

Column   우뇌와 좌뇌, 양쪽을 골고루 활용하기   96

3장 **하고 싶은 마음을 끝까지 끌고 가는 힘**

: 초집중 2단계_동기의 지속

도쿄대생이 공부를 좋아할 수밖에 없는 이유　　　　103

완벽한 집중을 위한 필수 준비물, 아웃풋　　　　109

실천편 1 인풋은 줄이고 아웃풋은 늘려라　　　　116

실천편 2 최선의 결과를 위해 아웃풋을 시각화하라　　　　120

Column 아웃풋이 불편한 사람도 있다?　　　　125

4장 **내 집중력을 업그레이드하는 법**

: 초집중 3단계_점검

왜 지금 집중력 점검이 필요한가　　　　133

나를 아는 것만큼 효과적인 자기계발은 없다　　　　138

실천편 1 자신에게 맞는 집중 스타일을 찾아라　　　　141

실천편 2 8가지 타입별 집중력을 높이는 법　　　　146

실천편 3 되새김질을 통해 실패를 복기하라　　　　156

Column 신중파와 행동파가 일 잘하는 법　　　　162

Column 노력하지 않아도 괜찮다　　　　166

나오며 멈추지 않는 이상 어딘가에는 도착하게 됩니다　　　　170

집중력은 인내해서 얻는 것이 아니다.
정신력으로 할 수 있는 일도 아니다.
오히려 '노력하지 않는' 집중,
즉 자신도 모르게 스르륵 빠져들 때가
온전하게 집중한 상태다.

1장

우리는 왜 이렇게
집중하지 못할까?

: 집중력에 관한 오해 바로잡기

● ●

인간은 실패했을 때 끝나는 것이 아니다.
포기했을 때 끝나는 것이다.

- 리처드 닉슨_{Richard Nixen}

노력보다 좋아하는
마음을 찾을 것

여러분은 마지막으로 공부한 게 언제입니까? 학생일 때는 시험이나 입시 때문에 의무적으로 할 수밖에 없었지만, 사회에 나가도 공부해야 할 것이 끊이지 않습니다.

승진이나 이직, 자기계발을 위해 점심시간이나 퇴근 후 틈새 시간을 활용해 공부하는 직장인이 늘고 있습니다. 아흔 살이 넘은 할머니가 자격증을 따거나 대학에 들어가는 일도 이제는 우리 주변에서 심심치 않게 볼 수 있는 풍경이 되었습니다.

나는 "공부는 때가 있다"라는 말을 좋아하지 않습니

다. 노력하고 있는 순간의 괴로움을 참아내라는 무언의 압박에 지나지 않는다고 생각합니다. 이런 식의 표현은 공부를 '하지 않으면 안 되는 것'으로 생각하게 합니다. 강제적으로 시키는 공부를 좋아할 사람이 이 세상에 몇이나 될까요?

공부는 '하고 싶다고 생각할 때 하는 것'입니다. 공부에 대한 인식이 조금만 바뀌어도 집중력이 크게 높아질 것입니다. 집중도 마찬가지입니다. 하고 싶은 마음이 들어야 집중이 잘됩니다. 좋아하는 일에는 노력하지 않아도 스르륵 빠져들게 되니까요.

집중은 노력하지 않는 것이다

사람들이 일상에서 나누는 대화를 들어보면 집중력에 관해 많은 오해가 있다는 것을 알 수 있습니다.

고등학교 2학년 때 일종의 각성을 하고 도쿄대에 가기 위한 입시 준비를 막 시작했을 무렵 우연히 부모님과 친척 어른들이 나누는 대화를 들었습니다.

"우리 아들은 어릴 때부터 산만해서 아무리 공부를 시키려고 해도 책상 앞에서 30분을 앉아 있지 못했어. 그런데 도쿄대라니…."

"걱정 마, 노력해서 안 되는 건 없다잖아."

"노력도 정신력이 강해야 하는 거지."

그 다음 도쿄대 입시에서 두 번째로 떨어졌을 때 어른들은 이렇게 말했습니다.

"잇세이는 정말 도쿄대에 가고 싶은 의지가 있는 거야?"

"정말 열심히 하는 게 보이는데 말이지."

"기왕 한 거 좀 더 참고 공부해보라고 해."

당시에는 나도 그렇게 생각했기 때문에 기대 이하의 성적이 나오면 스스로를 질책했습니다.

그러나 집중력은 인내해서 얻는 것이 아닙니다. 정신력으로 할 수 있는 일도 아닙니다. 오히려 '노력하지 않는' 집중이야말로 온전하게 집중한 상태라고 말할 수 있습니다. 나는 연구를 통해 집중력이 노력이 아닌 '기술'이라는 결론을 내렸습니다.

최근에 여러분이 가장 좋아하는 한 가지를 머릿속에 떠올려보세요. 자동차든 인테리어든 그림이든 뭐든 상관 없습니다. 그 다음 그것을 하고 있을 때의 자신의 모습을 상상해보세요.

좋아하는 일에 몰두하고 있는 여러분은 무리하고 있나요? 아니면 억지로 참고 있는 모습인가요? 그렇지 않을 겁니다. 좋아서 하는 일은 자연스럽게 노력하지 않는 집중을 하게 됩니다.

대학 입시를 주제로 한 만화의 편집자로서 일본의 '공부 천재'라 불리는 도쿄대생을 선별해 조사할 때 다양한 의견을 들어보기 위해 신입생도 많이 만나봤습니다. 그들과 인터뷰하며 "공부 엄청 열심히 했나봐요"라고 말하면 다들 예상과 다른 대답을 들려줬습니다.

"꼭 그렇지는 않아요"

물론 그들이 실제로 노력하지 않은 것은 아닙니다. 조사에 따르면 도쿄대 합격자들의 평균 공부 시간은 수업 시간을 제외하고도 주 50시간입니다. 등하교하는 중에 공부한 시간까지 합친 숫자이긴 하지만, 그럼에도 불구하고 평일 5시간, 휴일 13시간 공부는 대단한 일입니다.

꽤 오랜 시간을 공부하고도 그들은 "엄청나게 노력한 건 아니에요", "무리할 만큼 공부하지는 않았어요"라고 말했습니다.

미묘한 표현이지만, 그들은 대학에서 '공부하고 싶어서' 공부를 했던 것입니다.

집중 ≠ 인내, 노력, 정신력, 끈기

집중력은 누구나 가지고 있는 인간의 본성입니다. 그럼에도 10분밖에 집중하지 못하는 사람과 1시간을 집중할 수 있는 사람으로 나뉘는 이유는 '집중하는 법을 아는가, 모르는가'의 차이에 있습니다. 그럼 어떻게 하면 자신이 가진 집중력을 제대로 끌어낼 수 있는지를 본격적으로 알아봅시다.

먼저 신경 써야 할 부분이 '노력해보자는 마음'을 버리는 일입니다. 도쿄대 합격자들이 주 50시간을 힘들이지 않고 공부한 것처럼 집중을 즐길 수 있는 방법입니다. 당연한 이야기지만 억지로 공부하려고 하면 더 하기가 싫어집니다.

어떻게 해서든 노력해서 밤새 공부한다 해도 다음 날이면 쏟아지는 졸음과 사투를 벌이려 더 많은 시간을 허비하게 됩니다. 커피나 에너지드링크의 효과도 고작해야 하룻밤입니다.

진짜 집중은 노력하지 않는 것

자, 이 말을 다함께 큰 소리로 읽어봅시다. 이미 알고 있겠지만 공부할 때, 특히 암기할 때 소리 내어 읽으면 뇌가 활성화돼서 기억력이 높아집니다. 이 책의 마지막 장을 덮을 때까지 잊지 않도록 여러분의 머릿속에 이 말을 각인해두길 바랍니다.

뇌의 용량에는 한계가 있다

노력하지 않는 집중이란 표현이 추상적으로 느껴지는
분도 있을 겁니다. 내가 가르치는 고등학생들도 처음에
는 똑같이 반응했습니다.

노력하지 않는다는 건 최면 같은 건가요?
명상하듯 가만히 있으면 집중된다는 건가요?

아뇨, 집중은 최면이나 명상과는 다릅니다. 집중한 상
태와 집중하지 않은 상태의 차이는 '뇌의 가동'입니다. 즉
해야 하는 일 또는 하고 싶은 일에 '제대로 머리를 쓰고
있는가, 아닌가'에 있습니다.

집중이 안 될 때의 자신의 상태를 떠올려보세요. 눈
앞에 해야 할 일이 있는데도 무의식적으로 핸드폰을 들
여다본다거나 책을 보고 있으면서도 머리로는 딴생각을
하고 있을 때가 많을 겁니다. 뇌의 용량은 한계가 있기
때문에 다양한 일이나 여러 생각을 동시에 하면 과부하

가 걸릴 수밖에 없습니다.

집중이 잘되면 시간이나 배고픔도 잊은 채 눈앞의 일에 몰입해서 하게 됩니다. 운동선수들이 특히 많이 경험하는 상태기도 합니다. 한 가지 일에만 에너지를 쏟을 때 집중할 수 있게 됩니다. 그러면 힘들거나 하기 싫다는 감각이나 감정 없이 자신도 모르게 몰입하게 됩니다.

기계나 칼을 다룰 때를 생각해보세요. 방심하는 순간 위험해질 수 있기 때문에 눈앞의 작업만 생각해야 해서 다른 일보다 집중이 잘됩니다. 물론 멀티태스킹이라고 해서 여러 일을 동시에 해내야 할 때도 있습니다. 의욕이나 노력만 가지지고도 집중할 수는 있습니다. 그러나 단기적으로 가능할 뿐 오래 지속할 수는 없습니다.

집중에 있어 가장 중요한 핵심은 뇌의 가동을 '한곳'에 가만히 내버려두는 것입니다.

집중은 비합리적일 때
더 잘 통한다

여러분이라면 다음 중 어느 쪽에 도전하겠습니까?

• 30분만 노력해도 1,000만 원을 받을 수 있는 과제
• 30분을 노력해도 10원을 받을 수 없는 과제

군이 일일이 묻지 않아도 첫 번째를 고르겠죠? 같은 양의 노력을 했을 때 더 많은 돈을 받을 수 있는 쪽의 동기부여가 강할 것입니다. 나라도 그렇습니다.

그런데 사람들은 10원도 받지 못하는 일에 힘을 쏟는

경우가 있습니다. 자원봉사나 팬클럽 활동, 운동, 재미 위주의 동아리에 적극적으로 참여하는 사람들이 많습니다. 물론 그 행위에는 돈 이상의 가치와 보람이 있지만요. 이처럼 인간의 노력이나 집중에는 비합리적인 요소가 포함되어 있습니다. 어떤 의미에서는 뇌를 속이는 것이기도 합니다.

최근 뇌과학 연구를 통해 뇌의 '섬피질insular cortex'이 활발히 활동하는 사람은 집중이나 노력을 유지하기 어렵다는 것이 밝혀졌습니다. 섬피질은 사람이 합리적인 판단을 내릴 수 있게 도와주는 기관입니다. 쉽게 말해 이해득실을 계산합니다.

"보상이 적다"는 말을 들으면 이 기관이 활발하게 움직이면서 사람들을 게으르게 만듭니다. 보상이 적거나 없는 일에 큰 에너지를 쓰지 않겠다고 난리치며 말리는 거죠. 반대로 "보상이 많다"는 말을 들으면 이 기관이 일하지 않아서 노력의 양이 증가하게 됩니다.

우리 뇌가 이렇게 작동하는데 어째서 사람은 보수가 적거나 없는 일에도 집중할 수 있을까요? 바로 물질적인 보상 이상의 '감정적인 가치'로 이 기관을 속일 수 있기 때문입니다. 섬피질이 "그런 건 해봤자야!", "도움이 안 되니까 하지 마"라며 활발하게 움직이려는 것에 제동을 걸 수 있습니다.

예를 들어 10원도 받지 못하는 지원봉사자가 다른 사람들로부터 "고맙다"는 인사를 받으면 보상이라고 인식해 의욕이 생기게 됩니다. 노력 대비 임금이 적은 일도 즐거움이나 보람을 느낄 수 있다면 그것이 보상이 되어 노력과 집중으로 연결됩니다.

무엇보다 '좋아하는 마음'은 논리나 합리 따위를 가볍게 뛰어넘는 힘이 있습니다. 상대적으로 보상이 적은 분야일지라도 내가 좋아하고 즐거운 생각을 하게 만드는 요소가 있다면 얼마든지 빠져들 수 있습니다. 합리적이고 논리적인 대상에만 집중할 수 있는 것이 아닙니다. 비합리 속에도 집중할 수 있고, 오히려 결과가 더 좋을 때도 많습니다.

공부도 대부분 물질적인 보상이 없는 일이지만, 도쿄대생의 경우 공부가 따분하거나 수험생활이 견디기 힘들었다고 말한 사람보다 공부가 재밌었다고 답한 사람이 월등하게 많았습니다.

이 같은 '비합리적인' 집중은 앞으로의 최첨단 시대가 우리에게 요구하는 중요한 경쟁력이 될 것입니다. 왜냐하면 합리적인 행동은 인공지능(AI)으로 대체 가능하기 때문입니다. 또한 비합리성은 인간을 가장 인간답게 하는 이유기도 합니다.

공부 잘하는 사람들이 가진 특별한 자세

그런데 여기까지 이야기를 듣고 이렇게 생각하는 분이 있을지도 모르겠습니다.

 역시 공부를 좋아하는 사람이 공부를 잘하는 거네요.

아뇨, 그렇지 않습니다. 좋아하지 않지만 해야 하는

일, 또는 싫어하는 일에도 집중할 수 있는 방법이 있습니다. 바로 '빠져들기'입니다.

빠져드는 상태에 대해 설명하기 전에 여러분에게 한 가지 질문을 하겠습니다. 최근에 '빠져드는' 경험을 한 순간은 언제였나요? 순수하게 단어의 뜻 그대로를 생각하면 됩니다. 놀랄 만한 뉴스가 TV에서 나올 때였나요? 기다리던 만화책 신간이 나왔을 때였나요? 아니면 좋아하는 가수의 라이브가 시작했을 때였나요?

사람은 놀라거나 흥미를 느낄 때 자신도 모르게 몸을 앞으로 기울이는 경향이 있습니다. 누가 시킨 것도 아닌데 그 대상과 조금이라도 거리를 좁히려고 반응합니다. 이것이 '빠져들기'입니다.

이야기가 잘 통하는 사람을 만나면 의자 등받이에 기대어 있던 몸이 자연스럽게 앞으로 숙여지게 됩니다. 호감을 갖고 있다는 본능적인 표현이기도 합니다. 이때 여러분은 자신이 상대방을 향해 몸을 기울이고 있다는 사실을 전혀 의식하지 못했을 것입니다. 빠져든 상태이기 때문입니다.

도쿄대생에게서 공통적으로 발견한 점이 이 '앞으로 기울이는 자세'입니다. 그들은 수업 시간이나 문제를 풀 때, 글을 읽거나 쓸 때, 다른 사람에게 무언가를 설명할 때 몸을 앞으로 기울였습니다.

몸을 앞으로 기울이고 있는 사람들은 반드시 집중한 상태입니다. '교수님의 이야기를 잘 듣고 싶어', '이 다음에 어떻게 될지 너무 궁금해'라고 생각하니까 애쓰지 않고도 수업 시간에 집중하는 상태가 되는 것입니다.

> 참을 수 없을 만큼 좋아하거나 애쓴 것도 아닌데
> 뇌가 저절로 몸을 앞으로 움직이는 일

집중력이 부족한 우리가 목표로 해야 할 것이 바로 이런 상태입니다. 몸을 앞으로 기울이는 자세는 누구에게나 적용될 수 있고, 또한 의도적으로 만들 수도 있습니다. 그러면 보다 쉽게 빠져들게 됩니다. 앞으로 기울이는 자세는 '능동적인 상태'이기 때문입니다.

능동적인 상태가 즐거운 상태와 같다고 말하는 것은

아닙니다. 다만 좋아하거나 호기심 있는 대상이 아니어도 몸을 앞으로 기울이는 자세를 통해 즐거운 상태와 비슷한 효과를 만들 수 있습니다.

'지금 이 이야기를 들어두지 않으면 손해를 볼 것 같다' 또는 '나중에 나에게 도움이 될 것 같다'는 손익계산적인 측면이나 경쟁의식, 단순한 흥미나 분노 등 능동적인 상태를 유도하는 트리거는 즐거움 외에도 많습니다.

배우고 싶다면
앞으로 다가가라

갑작스러운 질문입니다만, '수업을 받다'를 영어로 뭐라고 하는지 아시나요?

고등학생들에게 이 질문을 하면 'Hear(듣다)' 또는 'Listen(듣다)', 'Accept(받아들이다)' 등 여러 대답이 나와 재미있는데, 모두 오답입니다. 정답은 'Take a class'입니다.

Take는 '가지고 가다'라는 뜻입니다. 즉 '수업'은 애당초 '가지러' 가지 않으면 안 되는 것입니다. 아무리 선생님이 유능해도, 실제로 도움이 되는 이야기를 들었어도, 학생이 '받는 태도'로 일관하면 성적이나 시험 결과는 절대 좋아지지 않습니다.

수업을 '가지고 간다'라는 능동적인 태도로 '그렇구나!' 하면서 스스로 이해할 수 있을 때까지 복습하거나 '근데 이건 왜 그렇지?' 하면서 의문을 품어야 지식을 내 것으로 만들 수 있습니다.

'수동'과 '능동'이라는 단어의 대비로 공부의 효율을 설명할 수 있습니다. 듣기만 하는 것은 수동적인 상태입니다. 상대방의 말에 귀를 열어두고 있을 뿐 스스로 움직여서 무언가를 쟁취하려고 하지 않는 상태입니다. 영어로 하면 'Hear'이자 'Listen' 정도가 되겠죠.

반대로 능동적인 상태는 내 쪽에서 먼저 앞으로 다가가서 이야기를 듣고, 그 안에서 파생되는 생각이나 의문을 해결하기 위해 적극적으로 질문하는 자세를 취하게 됩니다. 이런 상태로 수업에 참여하는 학생들은 공부를 지루하고 어려운 학문이 아니라 즐겁고 보람 있는 일로 받아들입니다. 그야말로 Take의 자세를 갖추고 있어서 잘 집중할 수 있는 것입니다.

능동적인 상태를 만드는 초집중의 기술

능동적인 상태는 Take가 저절로 가능해지도록 만듭니다. 집중을 잘하기 위해서는 눈앞의 사물이나 대상에 대해 능동적인 상태가 되어야 합니다. 앞에서 말한 것처럼 집중의 가장 이상적인 형태는 몸을 앞으로 기울이는 자세에서 시작됩니다. 집중력을 유지할 수 있는 비결이기도 합니다.

집중을 잘하는 사람은 성취감과 결과에 대한 만족을 경험한 적이 많기 때문에 새로운 환경이나 과제에 맞닥뜨려도 크게 두려워하지 않습니다. 오히려 열정적인 도전 의식으로 다른 목표에도 긍정적인 상승효과를 일으킵니다.

대부분의 사람은 집중을 자신이 할 수 없는 어려운 일로 생각합니다. 서문에서 잠깐 소개한 '도쿄대식 초집중 기술'은 누구나 가지고 있는 집중력을 끌어내는, 단순하면서도 가장 효과적인 방법이라고 확신합니다. 줄여서 '초집중 3단계'라고 부르겠습니다.

도쿄대생 중에서도 가장 공부 잘하는 100명의 공부법을 심층 분석해서 개발한 이 기술로, 전국 4개 고등학교에서 공부 효율을 높이는 집중력 수업을 진행했습니다.

　공부에 흥미가 없어 딴짓만 하던 아이들이 점점 적극적으로 질문하고, 좋은 성적으로 원하는 대학에 입학하면서 '초집중 3단계'의 효과를 직접 검증할 수 있었습니다. 각 단계는 이렇습니다.

1. **목표의 명확화**
2. **동기의 지속**
3. **점검**

　첫 번째는 '목표의 명확화'입니다. 가장 먼저 '무엇을 향해' 몸을 기울여 다가갈 것인지를 정해야 합니다. 목표가 명확할수록 집중하는 힘이 강해집니다.

　두 번째는 '동기의 지속'입니다. 집중력을 끝까지 이어가기 위해서는 능동적인 상태를 유지해야 합니다. 이때 '아웃풋'이 가장 큰 역할을 합니다.

세 번째는 '점검'입니다. 자신은 집중하고 있다고 생각해도 일이 지지부진하거나 인풋 대비 아웃풋이 나오지 않을 때가 있습니다. 내가 어떤 상황에서 집중을 잘하는지 또는 어떤 상황에서 집중력이 떨어지는지 점검하는 과정을 통해 나에게 더 잘 맞는 방법을 모색할 수 있고, 그런 과정을 거칠수록 집중력이 크게 향상됩니다.

초집중 3단계를 익히면 공부, 일, 독서, 인간관계 등 어느 상황에서도 무리하지 않고 집중하는 상태가 될 수 있습니다. 이에 관한 자세한 설명은 뒤에서 하나씩 소개하겠습니다.

이 기술을 통해 5분도 자리에 앉아 있기를 힘들어하던 학생들이 수업을 끝마칠 때까지 초롱초롱한 눈빛을 보여줬습니다. 그들의 긍정적인 변화를 몸소 확인했기 때문에 나도 집중해서 더 열심히 가르칠 수 있었습니다.

1장 포인트

- 집중력은 누구나 지니고 태어난다.

- 집중하고 싶을 때 '힘내자'라는 생각을 버리자.

- 공부는 해야 하는 것이 아니라 하고 싶다고 생각할 때 하는 것이다.

- 집중력은 노력이나 정신력이 아닌 기술이다.

- 공부를 잘하는 사람은 능동적이다.

- 앞으로 기울이는 자세는 자연스럽게 능동적인 상태로 만든다.

지금까지 제대로 집중하기
힘들었던 것은 집중해야 할 대상이
명확하지 않았기 때문이다.
무엇을 향해 어떻게 다가갈 것인가를
스스로 결정하면 늘 포기하던 사람에서
끝까지 해내는 사람이 될 수 있다.

2장

집중은 단호한
선택에서 시작된다

: 초집중 1단계_목표의 명확화

● ●

**인생의 비극은
목표를 달성하지 못하는 것이 아니라
달성할 목표 없이 살아가는 것이다.**

– 벤자민 메이스 Benjamin Mays

목표가 뚜렷할수록
집중의 힘이 강해진다

'집중'이란 단어를 들으면 여러분의 머릿속에 여러 이미지가 떠오를 것입니다. 첫 수업 때 고등학생들에게 물어보니 대체적으로 머리에 띠를 질끈 두르고 땀을 뻘뻘 흘리며 공부하는 모습을 상상하더군요. 나도 도쿄대생들의 이야기를 직접 들어보기 전에는 같은 생각이었습니다. 그러나 지금은 다릅니다.

'내 뇌가 나를 위해 움직이고 있구나.'

'내 계획대로 시간을 효율적으로 쓰고 있구나.'

나는 집중을 편안한 상태로 인식하게 되었습니다.

사실 집중의 본질은 '잘라내는 것'입니다. '집중集中'이라는 한자를 봅시다. 集은 '모으다'라는 뜻을 갖고 있습니다. 흩어져 있는 의식을 중앙의 한곳으로 합친다는 말입니다. 여러 가지 일을 동시에 해내거나 생각하는 상태가 아닙니다.

집중하기 위해서는 다른 의식을 차단하고 하나의 대상에 모든 의식을 모아야 합니다.

쉬운 예를 들어보겠습니다. 모처럼 마음잡고 책을 보고 있는데 어디선가 모기 한 마리가 날아와서 앵앵하고 있습니다. 그런데도 집중이 잘되나요? 아마 모기를 잡을 때까지 책을 보지 못할 겁니다. 다른 것에 의식을 빼앗겼기 때문입니다.

결국 집중의 본래 모습은 한 가지 일밖에 생각할 수 없는 상태입니다. 나머지를 잘라내서 다른 대상에 대해 생각하지 않는 것입니다. 그렇기 때문에 집중하기 전에는 반드시 해야 하는 행동이 있습니다. 바로 '선택'입니다. 무언가에 집중하고 싶다면 어떤 것을 잘라버릴지 고민하는 '취사선택'의 과정이 절대적으로 필요합니다.

여러분이 지금까지 제대로 집중하기 힘들었던 것은 집중해야 할 대상이 명확하지 않았기 때문입니다.

공부를 예로 들면 교과서 내용을 이해하고 싶은 건지, 암기하고 싶은 건지, 아니면 한 권을 끝까지 읽어보고 싶은 건지, 정확히 한 가지를 선택하고 접근해야 집중하기 쉬워집니다.

그 다음은 스마트폰이나 게임기 같은 집중을 방해하는 원인이 되는 것을 시야에서 보이지 않게 감추거나 전원을 꺼야 합니다. 원시적인 방법이지만 집중을 방해할 가능성을 철저하게 배제함으로써 한 가지에 의식을 향하도록 할 수 있습니다.

집중하기 위해서는 선택해야 합니다. 누가 시킨 것이 아니라 스스로 원해서 하고 싶은 것 아닙니까? 그렇다면 목표를 명확하게 설정하고, 이외의 것은 완벽하게 잘라내는 연습을 반복해서 몸에 익혀야 합니다.

시험 기간만 되면 공부하기 싫은 사람들

선택과 잘라내기를 한마디로 표현하면 '목표 설정'입니다. 어떤 목적으로 어떤 대상에 다가갈지를 제대로 설명할 수 있으면 보다 쉽게 빠져들 수 있습니다. 목표가 명확하게 보이지 않는 상태에서는 아무리 노력해도 다른 것에 정신을 빼앗기거나 능률이 오르지 않습니다.

특히 공부는 의지나 노력만으로 지속하기 어렵습니다. 공부 외에 다른 필요 없는 곳에 에너지를 빼앗기지 않도록 '장치'를 만드는 것도 집중에 도움이 됩니다.

공부하려고 책을 펼쳤는데 책상 위가 마음에 들지 않아서 청소를 한다거나 책장 정리에 열을 올린 적 없으신가요?

특히 시험 전날이 되면 신기하게도 당장 하지 않아도 될 일을 당장 하고 싶어서 참을 수가 없게 됩니다. 이를 심리학 용어로 '셀프 핸디캐핑Self-handicapping'이라고 합니다.

셀프 핸디캐핑은 실패했을 때를 대비해서 미리 자신에게 불리한 상황을 만들어내는 인간의 방어본능입니다.

시험 기간에 "어제 깜박 잠들어서 공부를 못했어"라며 투정하는 친구들도 마찬가지입니다.

점수가 잘 나오지 않을 경우를 대비해서 '그때 그것만 안 했으면 잘할 수 있었는데', '난 원래 이 정도로 못하지 않아. 그럴 만한 이유가 있었어'라는 속뜻을 은연중에 드러내고 싶은 것입니다. 자존심을 지키기 위한 핑계죠.

인간이 가진 자연스러운 본능 중 하나지만 지나치면 더 나은 결과를 받을 수 없도록 스스로 발목을 잡는 꼴이 됩니다. 그러면 공부뿐 아니라 모든 일에서도 성공할 확률이 낮아지게 됩니다. 셀프 핸디캐핑에 사로잡히는 이유는 다른 사람들의 평가를 지나치게 의식하기 때문입니다.

자신에게 좀 더 솔직해지세요. 다른 사람의 시선에 연연하면 계속해서 자신을 속이게 됩니다. 셀프 핸디캐핑은 이러한 사실을 의식하는 것만으로도 빠져나올 수 있습니다.

공부할 때마다 다른 것에 신경이 쓰인다면 방어본능이 발동했다고 생각하세요. 여러분은 진심으로 그 일을 하고 싶은 게 아니라 잠시 착각한 겁니다. 이런 의식이 공부를 방해받지 않기 위한 장치 중 하나입니다.

그럼에도 다른 것에 신경을 빼앗긴다면 자신이 존경하는 위인이나 멘토를 떠올려보세요.

'그 사람이라면 이럴 때 어떻게 행동했을까?'

인간의 본능이라면 누구에게나 있을 테니 다른 사람들은 어떻게 대처했을지 생각해보는 겁니다. 내가 그 사람인 것 마냥 생각하고, 행동함으로써 셀프 핸디캐핑을 충분히 극복할 수 있습니다.

나도 모르게
빠져드는 집중의 비결

이 책을 쓰면서 내가 생각한 이상적인 목표는 '늘 포기하던 사람'이 '끝까지 해내는 사람'으로 거듭나는 것입니다.

지금까지 자신이 마음먹은 대로 일이 풀리지 않아서 좌절하거나 위축되어 있는 사람이 많을 것입니다. 그러나 앞으로의 인생에 더 다양한 승부가 기다리고 있습니다. 포기 선언을 하기에는 기회가 너무나 많습니다.

포기와 실망을 반복하는 사람은 자신이 왜 실패하는지 이유를 모르기 때문입니다. 나보다 앞서가거나 항상

승리를 거두는 사람은 자신의 목표에 집중하는 법을 알고 있습니다.

인생의 중요한 승부는 집중력에서 가려집니다. 집중은 지능이나 환경, 성별이나 나이, 노력이나 정신력과 결정적인 관계가 없기 때문에 누구라도 할 수 있습니다.

집중하는 법을 알고 있으면 어떤 상황에서도 위기를 기회로 바꿀 수 있습니다. 그러기 위해서는 우선 '무엇'을 향해 다가갈 것인가를 결정해야 합니다. 이것이 '초집중 3단계'의 첫 번째인 '목표의 명확화'입니다.

분명한 목표를 만들어야 자신도 모르는 사이에 스르륵 빠져드는 상태로 들어가기 쉽습니다. 여기서 중요한 키워드가 '긍정'입니다.

나는 목표를 지닌 모든 일에 있어서 가장 필요한 것이 긍정이라고 생각합니다. 긍정은 스스로 그러하거나 옳다고 인정하는 것입니다. 자신이 이해하지 못한 상태에서는 진심을 다하는 태도가 생길 수 없습니다. 당연한 결과지만 온전히 집중할 수도 없습니다.

학생들은 곧잘 공부하기 싫다고 말합니다. 나도 학창

시절 때 입버릇처럼 달고 살았던 말입니다. 그런 학생들에게 "왜 공부를 해야 되는지 생각해본 적 있어?" 또는 "공부를 왜 해야 되는지 이해되니?"라고 물으면 대체로 "아니요"라고 대답합니다.

고대 그리스의 철학자 아리스토텔레스Aristoteles는 "인간은 태어나면서부터 알고자 하는 욕구가 있다"라고 말했습니다. 지적 호기심은 모든 인간이 지닌 본성이라는 것입니다. 이처럼 공부는 본래 즐거운 일임에도 학생들은 학교나 제도의 획일화된 틀에 갇혀 부정적인 인식에 사로잡혀 있습니다.

자신이 이해하지 못했다는 것은 가치를 느끼지 못한다는 말입니다. 그렇기 때문에 어떻게든 노력이나 의지로 집중하려고 애쓰는 것은 뇌 구조상 이미 불가능한 일입니다.

무작정 오기로 공부하는 것은 망망대해 한가운데에서 표류하는 상태와 같습니다. 귀중한 시간을 낭비하고 있는 뜻이죠. 목표가 있어야 노를 저을 힘이 생기고 거센 파도를 뚫고 앞으로 힘차게 나아갈 수 있습니다.

생각 없이 시작한 일은 생각 없이 끝난다

만약 내가 여러분에게 "이제부터 방망이를 100번 휘둘러주세요!"라고 한다면 어떨까요? 그대로 실천하는 사람은 거의 없을 것입니다. 그러나 "방망이를 100번 휘두르면 10만 원을 드릴게요!"라고 한다면 자발적으로 방망이를 휘두르는 사람이 훨씬 많아질 것입니다.

또는 여러분 중 야구선수가 되고 싶은 꿈이 있는 사람이 있다면 금전적인 보상이 없어도 목표를 이루기 위해 필요한 과정으로 이해하고 아무런 저항 없이 방망이를 휘두를 겁니다.

집중력도 마찬가지입니다. 가치를 느끼지 못하는 일에 적극적으로 시간과 노력을 투자하는 사람을 본 적이 있나요? 나는 아직까지 그런 사람을 보지 못했습니다. 긍정하는 마음이 생기지 않는다면 공부, 일, 독서, 봉사활동 등 무엇이든 끝까지 완수하기 어렵습니다.

공부하기 싫은 학생은 애초에 왜 공부를 해야 하는지에 대해 생각해본 적이 없습니다. 그러나 목표가 있는 학생은 '이것을 위해서는 어떤 대학의 어떤 과에 들어가야 하고, 그러기 위해서는 지금 성적 관리가 중요해'라고 판단해서 공부에 대해 '적극적'이 됩니다.

하고 싶은 일과 자신이 강하게 연결되면 누구나 능동적인 상태로 바뀔 수 있습니다. 스스로 긍정하기 위해서는 목표를 정확히 파악하는 것이 중요합니다.

어떤 방식으로든 스스로 긍정할 것

이것이 우리를 능동적인 상태로 만들어줍니다. '해야 할 일이라서', '남들이 하니까 나도 해두면 좋을 것 같아서'라는 식으로 애매한 상태에 있다면 긍정은 물론 납득도 어렵습니다. 목표가 명확하지 않기 때문에 결과나 과정이 좋지 않을 수밖에 없습니다.

수동적인 상태에 익숙한 사람들은 공부를 하든 외국어를 배우든 처음에는 의욕을 가지고 시작하지만 이내 자신의 한계를 느끼고 흐지부지 끝맺는 경우가 많습니다. 별다른 생각 없이 시작한 일이니까요.

그동안 쏟아부은 시간과 노력, 돈, 열정은 어떻게 될까요? 한순간에 초기화되겠죠. 밑 빠진 독에 물을 붓는 것처럼 자신에게 아무것도 남지 않은 '제로'로 돌아갈 뿐입니다.

무엇보다 경계해야 할 것은 아주 작은 것이라 할지라도 성취하지 못하는 경험이 반복되면 자신감을 잃고 점점 더 수동적이고 소극적인 상태로 바뀌게 된다는 점입니다.

그렇게 되지 않기 위해 필요한 효과적인 방법이 긍정입니다. 다른 사람이 기준이 되는 납득이나 완벽한 이해를 요구하는 것이 아니라, 어떤 방식으로든 자신이 주도적으로 생각해서 이해해야 합니다.

결심만 했을 뿐인데
결과가 달라졌다

여러분은 인생에서 가장 중요한 것이 무엇입니까? 돈, 명예, 건강, 인간관계, 자아실현 등 수많은 대답이 나올 것입니다.

이들은 분명 우리가 살아가는 데 없어서는 안 될 중요한 가치입니다. 그러나 목표로 세우기에는 기준이 애매할 뿐더러 종착역이 분명하게 보이지 않습니다.

'목표의 명확화'는 좀 더 미시적으로 접근해야 합니다. 나에게 밀접하게 연결된 목표일수록 집중하기 쉬워지고, 능력이 증폭되어 생각이 현실로 이뤄집니다.

비유하면 목표는 마음에 작은 나무를 심는 일입니다. 태풍이 몰아쳐도 내 힘으로 지킬 수 있도록 거대한 나무가 아닌 작은 나무의 뿌리를 마음속에 깊게 심는 것입니다.

예를 들면 '일주일에 책 2권을 읽겠다', '매일 1명에게 고맙다는 말을 듣겠다', '중요한 업무는 오전 10시 전에 끝내겠다' 등 내용이 무엇이든 간에 일단 논리나 타당성은 배제하고 자신이 할 수 있는 활동을 목표로 정하면 됩니다.

스스로 생각해서 자신만의 선택을 이끌어내는 것. 1권이든 2권이든 상관없는데도 군이 2권을 선택하는 것. 효율적으로 일에 몰입하기 위해 고민하는 것.

이러한 목표의 과정은 '집중＝잘라내기'의 메커니즘과 동일합니다.

단 목표를 실천함에 있어서 주의해야 할 부분이 있습니다. 자신의 뜻대로 일이 잘 진행되지 않는다고 해서 체념하거나 중도 포기할 필요가 없습니다. 궁극적으로 목표는 이루기 위한 것이지만, 완벽하게 이루지 못해도 괜찮습니다.

실패했더라도 자책하지 마세요. 포기하지 마세요. 다시 시작하면 됩니다. 그래서 마음속에 작은 나무를 심으라는 비유를 한 것입니다. 내가 소중히 여겨야 더 큰 나무로 자랄 수 있고, 큰 나무가 되면 반대로 나를 지켜주는 힘이 되기 때문입니다.

목표의 본질은 '결심'에 있습니다. 목표는 우리에게 능동적인 효과를 자각하게 하고, 그 상태로 집중을 지속하게 합니다.

정말 하고 싶다면 주체가 되라

'결심하다'를 영어로 뭐라고 할까요? 바로 'determination' 입니다. 여기에 'term'이라는 단어가 포함되어 있는 게 보이시죠? '범위를 정하다', '끝내다'라는 의미입니다.

흔히 '텀이 없다', '텀이 짧다'라는 말로 사용되는 것처럼 범위의 기간을 뜻하고, 터미널 같은 전철이나 버스의

출발역과 종착점을 나타내기도 합니다.

영화 〈터미네이터terminator〉의 제목 역시 '종결시키다' 라는 뜻에서 파생되어 지어진 이름입니다. 또 있네요. 〈터미네이터 3〉의 마지막 장면에 이런 대사가 나옵니다.

"you are terminated(넌 끝났어)."

그렇다면 'determination'이란 무슨 '범위'를 결정하는 것일까요? 정답은 '마음'입니다. 결심이란 말 그대로 마음을 정하는 것입니다.

'어떻게 하지?', '어떻게 하면 좋을까?' 고민할 때 애매모호해서 명확하지 않은 것을 단호하게 끝내기. 마음속에서 정처 없이 표류하는 사고를 정리하고 현실적인 것만 남기기. 이것이 결심입니다.

다시 말해 결심한다는 것은 잘라내기와 동일합니다. 다른 것에 의식이 향하지 않도록 마음속에 있는 부수한 것을 잘라내는 일입니다. 범위를 정하고 그 외에 것을 끝냄으로써 목표에 집중할 수 있게 됩니다.

결심만으로 성적이 달라질까요?

네, 분명한 차이가 있다고 확신합니다. 나도 도쿄대를 지망하며 공부를 시작했을 때는 '가장 점수가 낮은 수학부터 시작해보자'라거나 '영어 단어를 많이 외우면 되겠지' 하는 식으로 특별한 계획 없이 무작정 뛰어들었습니다. 그러다 보니 공부에 집중이 잘 안 되고 생각만큼 성적이 올라가지 않아 점점 지치고 스트레스를 많이 받았습니다.

집중의 위력을 깨닫고 연구를 시작한 뒤에는 '매일 기출문제를 세 장씩 풀자', '매일 자기 전에는 문제집에서 틀린 부분을 복기하자' 하는 식으로 좀 더 구체적으로 계획이 바뀌었고, 자연스럽게 집중력이 높아졌습니다.

목표를 세우지 않고 무언가를 한다는 것은 수동적인 상태에 있음을 의미합니다. 거기에는 '나'라는 주체가 빠져 있습니다. 목표를 세우는 것은 능동적인 행동입니다. 내가 그렇게 하겠다고 결심했기 때문에 더욱 집중할 수 있게 됩니다.

다음 두 가지 상황이 있다면 어느 쪽에 집중이 더 잘 될까요?

- 상사가 '이거 끝내놔'라고 지시한 일
- 상사와 논의한 뒤에 자신이 맡은 일

당연히 후자를 고를 것입니다. 일 자체는 똑같다고 하더라도 다른 사람이 시켜서 하는 일보다 스스로 선택한 일에 몇 배나 더 큰 의욕이 생기게 됩니다. 결국 이 두 가지 일의 가장 큰 차이는 '선택하는 과정'이라는 의미죠. 선택이라는 것은 그렇게나 우리에게 특별한 존재입니다.

최근 연구를 통해 사람이 하루 동안 선택할 수 있는 일의 수가 정해져 있다는 사실이 밝혀졌습니다. 그 양은 대체로 3,000개 정도입니다.

애플 창업자인 스티브 잡스Steve Jobs는 같은 옷을 여러 벌 사두고 매일 번갈아가며 입었습니다. 검은색 터틀넥, 리바이스 청바지, 운동화는 그의 트레이드 마크였죠. 이유가 뭘까요?

　이는 불필요한 선택을 하지 않도록 자신이 결정한 원칙입니다. 잡스는 불필요한 일에 시간과 에너지를 쏟지 않고, 중요한 일에 효율적으로 집중할 수 있도록 선택한 것입니다.

　선택은 자신이 능동적으로 움직이는 행위입니다. 자발적이지 않으면 선택하는 것이 불가능합니다. 그래서 선택에는 자연스럽게 책임과 의지가 따라붙게 됩니다. 아주 사소한 목표라 할지라도 효과는 똑같이 발휘됩니다.

　앞의 상황을 보면 어떤 경우에서든 일이 잘 풀리지 않으면 화가 나거나 스트레스를 받게 될 겁니다. 그러나 자신이 결정한 일의 경우에는 나에게 책임이 있기 때문에 문제를 인정하고 이해함으로써 성장의 발판으로 삼을 수 있습니다.

목표는
숫자 1개로 정하라

어떻게 하면 목표를 효과적으로 계획할 수 있을까요? 사실 목표는 단순할수록 좋습니다. 거창한 목표는 현실감이 없어서 떠올리기만 해도 부담으로 느껴지기 마련입니다. 그래서 목표는 '숫자 1개'로 정하는 것이 가장 효과적입니다. 이런 식입니다.

"다음 영어 시험에서는 80점을 맞겠어!"

"매일 책을 30장씩 읽을 거야."

나는 성적이 거의 동일한 고등학생 두 명을 대상으로 이에 관한 실험을 진행한 적이 있습니다. 대부분의 심리 실험과 마찬가지로 1명에게는 "다음 시험에서 좋은 점수를 받을 수 있도록 노력해보자"고 말했고, 다른 1명에게는 "다음 시험에서 80점을 맞을 수 있도록 노력해보자"고 했습니다. 결과는 어땠을까요?

전자가 58점, 후자가 76점을 받았습니다. 두 번째 학생은 80점이라는 목표에 도달하지는 못했지만, 결과적으로 '좋은 점수'를 받으려 했던 아이보다 훨씬 높은 점수를 이끌어냈습니다.

단적인 사례지만 목표를 숫자로 설정했을 때 집중력이 더 높아진다는 것을 어렵지 않게 알 수 있습니다.

시험이 끝난 후 좋은 점수라는 막연한 목표를 가진 학생에게 어떻게 공부했는지 물어봤더니, "좋은 점수를 따기 위해 광범위하게 공부했다"고 말했습니다.

80점을 목표로 노력한 학생에게도 똑같은 질문을 했습니다. 그러자 그 학생은 이렇게 대답했습니다.

"80점을 맞기 위해 20점은 버려도 되니 점수를 올려야 하는 나머지 부분에 집중해서 공부했습니다."

이처럼 숫자가 들어가면 계획을 구체적으로 세울 수 있어서 달성하기 쉬운 목표가 됩니다.

목표의 '수치화'는 공부에만 국한된 이야기가 아닙니다. '시간

관리를 잘하고 싶다'가 아니라 '중요한 업무는 오전 10시 전에 끝내야지'라고 생각하거나 '재테크 책을 많이 읽는 부동산 투자자가 되자'가 아니라 '재테크 책을 일주일에 1권씩 읽겠다'처럼 어느 분야에서나 가능합니다.

목표를 숫자 1개로 정했 때 나타나는 가장 큰 효과는 끝까지 달성하지 못하더라도 그렇지 않았을 때보다 훨씬 좋은 성과를 낼 수 있다는 점입니다. 이것이 가능한 이유는 숫자를 사용해 명확하게 잘라내기를 할 수 있기 때문입니다.

'많이', '잘,' '열심히', '오래' 같은 말은 추상적이어서 목표 실현에 영향을 주지 않습니다. 쉽게 말해 목표보다 바람에 가깝습니다. 숫자를 활용하면 이런 모호한 바람이 현실적인 목표가 될 수 있습니다. 1, 2, 3 같은 수로 나타내야 하기 때문에 자동적으로 나머지를 버릴 수밖에 없습니다.

예를 들어 학생들이 입시에 강한 동기를 가질 수 있도록 유도하는 쉬운 방법이 공부를 '시급'으로 계산해보는 것입니다. 목표 학교에 들어가기 위해 필요한 공부 시간과 그 학교를 졸업한 사람들의 평균 연봉을 계산하게 하면 억지로 시키지 않아도 아이들의 학구열이 불타오르게 됩니다.

학생들은 부모나 선생님으로부터 "공부는 다 너한테 좋은 거야"라거나 "공부하면 나중에 돈을 많이 벌 수 있어" 같은 이야기를 수시로 듣지만, 현실적으로 공부가 어느 정도의 경제적 능력과 가치를 갖는지는 생각하지 못합니다.

대학에 가기 위해서는 보통 2,000시간 정도의 공부가 필요합니다. 그리고 지망 대학교와 그보다 한 단계 낮은 대학교를 졸업했을 때 일본의 평균적인 연봉 차이는 1,000만~1,500만 원입니다. 40년 간 일한다고 가정하면 대략 이렇게 금액 차이가 벌어집니다.

- 1,000만 원x40년÷2,000시간=20만 원
- 1,500만 원x40년÷2,000시간=30만 원

평균 시급이 10만 원 이상, 약 1.5배 차이가 납니다. 이 금액을 보면 공부에 대한 생각이 바뀔 수 있습니다. 실제로 숫자로 확실한 동기를 찾고 공부를 시작한 학생도 많습니다.

금전적인 목표에 대해서는 찬반이 있을 수 있지만, 능동적으로 선택하고 시작했다는 것에 방점을 둬야 한다고 생각합니다.

물론 돈이나 직업 말고도 공부가 우리 삶에 도움이 되는 일이 많습니다. 어쨌든 중요한 것은 1개의 구체적인 목표를 정함으로써 보다 확실히 집중할 수 있다는 점입니다.

이루고 싶은 일이 있다면 목표에 1개의 숫자를 넣어보세요. 1년, 10장, 5개, 1개, 10만 원, 3회, 20점… 무엇이든 숫자 1개와 결합하면 집중하는 힘이 강해지게 됩니다.

장기적인 목표를 설정할 때도 숫자를 대입하면 단기적인 단계를 세부적으로 계획할 수 있습니다. 다시 말해 장기적인 관점에서 필요한 숫자를 생각하고, 거기에서부터 역산해 이룰 수 있는 현실적인 숫자를 만들어나가는 것입니다.

예를 들어 어떤 자격증을 따기 위해서는 시험에서 70점 이상을 맞아야 한다고 가정해봅시다. 이를 위해서는 최소한 참고서와 문제집을 각각 1권씩 풀어봐야 유리합니다. 그러면 지금부터 시험 당일까지 남은 날짜를 계산해서 '매일 20장씩 봐야 2권을 모두 풀 수 있다'라는 목표를 세울 수 있습니다.

부자가 되고 싶은 꿈이 있는 경우에도 자신이 생각하는 부자의 기준이 어느 정도의 금액인지 계산해봐야 다음의 구체적인 목표를 만들고 실행해나갈 수 있습니다. 이렇게 하면 목표 설정을 위한 숫자에 타당성이 생겨납니다. 타당성은 자신이 이해할 수 있는 긍정과 같은 범주입니다.

나는 삼수를 결심했을 때 '도쿄대학교의 기출문제 50년 치를 풀어서 나만의 풀이집을 만든다'는 목표를 세웠습니다. 그러기 위해서 입시까지 남은 8개월 동안 한 달에 6~7년 치 문제를 풀어야 했습니다.

내 목표를 듣고 대부분의 사람이 "어떻게 그렇게 많이 풀 수 있어?" 하고 놀랐는데, 나는 무리했다는 느낌이 전혀 없었습니다. 50년이라는 숫자는 큰 부담으로 느껴질 수 있지만, 세부 계획을 작게 세웠기 때문에 어렵지 않았습니다. 남은 것은 목표대로 조금씩 착실하게 해나가는 추진력과 고비가 와도 포기하지 않는다는 다짐뿐이었으니까요.

어떤 목표든 단번에 해치우려고 마음먹으면 생각처럼 되지 않습니다. 할 수 없는 여러 핑계를 만들어 목표에서 점점 멀어지게 되는 일이 일반적입니다. 따라서 목표는 단순하게, 숫자 1개로, 장기적으로, 단계적으로 해내는 것입니다.

모든 에너지를
한 지점으로 모아라

목표에 쉽게 다가가는 또 다른 방법은 숫자와 마찬가지로 '지표 1개'를 설정하는 것입니다.

나는 어릴 때 놀이 중에서 돋보기로 불 피우는 것을 좋아했습니다. 종이나 검은색 봉지를 바닥에 깔고 돋보기로 햇빛을 모아 비추면 연기가 나면서 불이 일어납니다. 여러분도 학교에서 실험해본 적이 있을 겁니다.

한여름의 뜨거운 햇빛 아래 종이를 무더기로 쌓아놓아도 불은 일어나지 않습니다. 그러나 돋보기를 이용하여 햇빛을 한 지점에 집중시키면 놀랍게도 불이 발생합니다. 지표 설정은 이처럼 모든 에너지가 모여드는 한 지점을 정하는 것입니다.

어떤 일을 할 때 진도가 나지 않아서 괴롭다면 이것저것 다 잘하고 싶은 욕심이 있거나 어느 것도 선택하지 못하고 망설이고 있는 상태일 때가 많습니다.

예를 들어 회의 자료를 만든다면 여러분은 무엇에 신경 써서 자료를 작성하나요?

- **알기 쉽게 전달하는 것을 중시해 단어 선택에 집중한다.**
- **어떤 질문이 나와도 대답할 수 있도록 분야를 넓게 분석한다.**
- **보기 쉽도록 레이아웃 디자인에 힘을 쓴다.**

사실 이 질문에는 정답이 없습니다. 여러분이 세 가지 중에서 어떤 것을 선택해도 정답입니다. 문제는 어느 것도 선택하지 못할 때 벌어집니다.

일을 잘하는 사람들은 이중에서 한 가지를 선택해서 집중합니다. 그들은 자신에게 부족한 부분을 보완할 것인지, 잘하는 부분을 강조할 것인지 선택해야 성공할 수 있다는 것을 잘 알고 있습니다.

공부할 때도 마찬가지입니다. 목표가 정해지면 그것에만 집중하면 됩니다. 이것도 해보고, 저것도 해보는 방식의 공부는 시간과 노력, 체력을 낭비하기 때문에 비효율적입니다.

길을 정하지 않고 무작정 걷다보면 어느 순간 자신이 있는 곳이 어디인지 알 수 없게 됩니다. 공부도 목표가 명확하지 않으면 중간에 쉽게 포기하게 되고, 노력만큼 효과가 나타나지 않습니다.

목표의 기준이 되는 지표가 없는 공부는 책상에 앉아서 시간을 흘려보내는 것과 같습니다. 앞에서 설명한 것처럼 목표 설정에는 숫자 1개가 중요한데, 숫자로 측정할 지표가 여러 개 있는 상태는 아무것도 선택하지 못한 상황과 같습니다.

내가 처음으로 혼자 공부를 시작했을 때는 문제 풀이도 많이 하고 싶고, 점수도 빨리 올리고 싶고, 시간도 줄이고 싶다는 생각이 강했습니다. 지금껏 허비한 시간을 만회하기 위해 전략을 세우기보다는 노력과 정신력으로 밀어붙이려 했습니다.

결국은 입시에 두 번이나 실패한 다음에야 정신을 바로잡을 수 있었습니다. 그야말로 두 마리 토끼를 잡으려다 한 마리도 잡지 못한 것이죠.

목표의 지표는 무엇에 특화할 것인지를 스스로에게 선언하는 것입니다. 위에 예시 상황의 경우 한 가지 지표를 정했다면, 포스트잇이나 메모를 해서 가능한 한 자신의 시야에 닿는 많은 장소에 붙여두는 것이 좋습니다. 이렇게 하면 자신이 집중해야 할 방향을 잃지 않을 수 있습니다.

 근데 나는 다 잘하는 제너럴리스트가 되고 싶은데요.

네, 그렇게 생각해도 괜찮습니다. 삶은 복합적이기 때문에 해야 할 일이 많고, 하고 싶은 일도 많은 것이 당연합니다. 그럴 때는 단계적으로 한 가지 목표를 이루고, 다음 목표를 다시 설정하면 됩니다.

여러 일을 동시에 진행하면서 만족스러운 결과를 내는 것은 쉽지 않기 때문에 자신만의 우선순위를 정해서 차례대로 실행하면 집중력을 잃지 않을 수 있습니다.

목표 설정의 핵심은 한꺼번에 여러 일을 하려 욕심내지 않고,

집중해야 할 한 가지 일을 정해서 성취하는 것입니다. 다른 일도 이 순서대로 차근차근 진행하면 됩니다.

등산을 생각해보세요. 산에 익숙하지 않거나 운동신경이 없는 사람이 처음부터 산 정상에 오르는 것은 무척이나 어려운 일입니다. 무리해서 산에 오르면 그 다음 날 온몸이 비명을 지르는 듯한 극심한 근육통에 시달리게 될 것입니다. 또는 힘든 경험이 각인돼서 등산에 대한 흥미를 잃고 다시는 산을 찾지 않게 될 수도 있습니다.

등산을 가장 쉽게 오르는 방법은 단계적으로 쉬는 장소를 정하는 것입니다. 등산로 이정표나 지도를 보며 자신의 체력에 맞게 목표 지점을 나누면 도착했을 때 성취감과 개운함을 동시에 느낄 수 있습니다. 다음 지점으로 나아가기 위한 힘을 비축할 수도 있고요.

집중은 기술이라고 여러 번 강조했습니다. 전략을 세우면 산은 물론 공부도 공략할 수 있습니다. 여러분이 어떤 목표를 세우든 성공 공식은 같습니다. 지표를 일원화하고, 나만의 지표를 선언하며 차근차근 노력해가는 것. 이것만으로도 집중의 질이 달라집니다.

머리에서
마음으로 긍정하라

목표 실현을 위한 능동적인 상태가 되려면 자신의 긍정이 무척 중요합니다. 좀 더 자세히 말하자면 '내 안에서 인정할 수 있는 무언가를 찾는 것'입니다.

머리로는 이해하는 일도 막상 실행하려고 하면 하기 싫고 귀찮아져서 시작과 다르게 흐지부지 되는 경향이 있습니다. 다이어트나 공부, 청소, 아침에 일찍 일어나기 같은 것이 대표적인 사례죠. 마음으로도 이해해야 수동적인 행동을 능동적으로 바로잡을 수 있습니다.

결국 몸의 실행력을 끌어올려야 행동으로 변환할 수 있습니다. 그러면 무리하지 않는 집중이 가능해집니다.

빠져들 듯이 편안하게 집중하기 위해서 절대적으로 필요한 것이 집중해야 할 대상에 대해 마음이 움직이는 현상입니다. 바로 긍정의 효과입니다.

사람은 자신이 인정하거나 이해하지 못하는 일을 장기간 수행할 수 없습니다. 그 말은 즉 내 안에서 가치를 느끼지 못하면 지속하지 못한다는 사실을 의미합니다.

 처음엔 관심 없다가도 익숙해지면서 즐거움에 눈뜨게 되는 경우도 있던데요.

맞습니다. 시작은 불안했으나 실제로 해보니 의외로 보람이나 재미를 느끼고 집중하는 사람들도 있습니다. 순서의 문제긴 하지만, 충분히 가능한 일입니다.

그러나 우리가 여기서 추구하는 것은 하기 싫은 마음을 하고 싶은 행동으로 전환하는 법, 즉 자신도 모르게 자연스럽게 집중에 빠져들게 되는 효율적인 몰입법입니다.

단기적으로 집중하는 벼락치기 같은 방식이 아니라 장기적으로 삶에 도움이 되고자 경쟁력이 되는 기술을 익히는 것입니다.

장기적인 측면에서 즐기는 집중을 하려면 스스로 마음을 움직이는 법을 알아야 합니다. 이때 필요한 것이 긍정입니다.

 하고 싶지 않은 일이 너무 많아요. 어떻게 하죠?

무척 자주 있는 일이죠. 살다 보면 하고 싶지 않은 일을 해야할 때가 많습니다. 업무상 만나고 싶지 않은 사람도 만나야 하고, 수학이 싫어도 입시를 위해 공부해야만 합니다.

그런데 이런 경우도 마찬가지로 적용해야 합니다. 해야 할 일에서 어떤 형태로든 가치를 찾아내야 합니다. 이를 위해서 자신이 어떤 성향을 가지고 있는지 파악하는 것이 도움이 됩니다.

본문에 들어가기에 앞서 자신의 성향을 파악하는 간단한 테스트를 진행했습니다. 기억하시나요? 그중 첫 번째로 나뉘는 타입이 '우뇌'와 '좌뇌'입니다.

논리적으로는 이해가 되는데, 감정적으로는 인정이 안 되는 경우가 있습니다. 공부해야 한다는 걸 아는데 도저히 공부할 마음이 생기지 않는다거나 반드시 해야 하는 일이라는 걸 아는데 도저히 좋아할 수가 없다거나 하는 경험이 많은 사람은 '우뇌'를 중심으로 생각하는 사람입니다.

우뇌는 감각적·감정적 사고를 하는 기관입니다. 논리로는 설명할 수 없는 발견이나 감, 정서 같은 것을 관장합니다.

반대로 감정과 상관없이 논리적으로 이해할 수 없는 것은 할 수 없다고 생각하는 사람도 있습니다.

예를 들면 회사의 동료들이 다음 분기의 실적을 위해 고군분투하고 있는데, 내가 볼 때는 비합리적인 결정이라 집중할 수 없다거나, 도전해보고 싶은 일이 있지만 이익이 나지 않아서 망설이는 사람도 많습니다. 이런 경향이 많은 사람은 '좌뇌'를 더 많이 써서 생각합니다.

좌뇌는 논리적·합리적 사고를 하는 기관입니다. 감정이 아닌 로직으로 생각하도록 보조합니다. 논리와 감정, 합리와 비합리가 판단의 기준이 됩니다. 특별히 어느 쪽이 옳다거나 틀린 것은 아닙니다. 사람은 양면을 활용해 복합적으로 생각한다는 게 사실이니까요.

그렇기 때문에 논리적인 이해만으로는 완벽하게 긍정하지 못하는 사람도, 감정적인 이해만으로는 적극적으로 움직이지 못하는 사람도 있습니다. 중요한 것은 자신이 어떤 성향의 사람인지 정확히 파악하고 그에 맞는 집중법을 찾는 것입니다.

사실 앞에서 진행한 '우뇌 타입 or 좌뇌 타입'의 테스트만으로 뇌 타입을 명확하게 구분하기는 어렵습니다. 그러나 이런 테스트를 몇 번에 걸쳐 자문자답하다 보면 자신에게만 나타나는 뚜렷한 특징을 알 수 있게 될 것입니다.

어느 타입이든 간에 자신의 이해와 긍정 없이는 온전히 집중하기 어렵습니다. 몸 상태가 좋지 않으면 무엇을 하든 집중이 안 되지 않습니까? 마찬가지로 내가 정신적으로 집중하기 어려운 상황에 있을 때는 집중력을 발휘할 수 없습니다. 결국 내가 어떤 사람인지 알아가는 과정이 '초집중'으로 가는 가장 빠른 지름길입니다.

좌뇌 타입이 자신을 긍정하는 방법

좌뇌 타입은 눈앞의 일에 수용할 만한 논리를 찾는 연습이 필요합니다. 이를 위한 가장 쉬운 2가지 방법입니다.

1. **목표에서부터 거슬러 내려가며 생각하기**
2. **보상을 만들어 행동을 합리화하기**

첫 번째 방법은 목표에서부터 거슬러 내려가며 해야 할 일을 생각하는 것입니다. 아무리 하기 싫은 일이라도 어떤 목적을 위해서 반드시 필요하다고 판단하면 적극적으로 바뀔 수 있습니다. 이성적인 좌뇌 타입은 현재보다 장기적인 미래를 중요하게 여기기 때문에 계획적으로 싫은 일을 먼저 끝내버릴 수 있습니다.

또한 눈앞의 일에 보상을 만드는 것도 행동을 합리화하는 효과적인 방법입니다. 보상은 내 노동이나 노력에 상응하는 '대가'입니다. 내가 어떤 일을 끝냈을 때 아주 작은 것이라도 대가가 따른다고 생각하면 더욱 잘 집중할 수 있습니다.

단순한 발상이지만 좌뇌 타입에게서 의외로 효과가 잘 나타납니다. 예를 들어 문제 10개를 풀면 좋아하는 과자 한 개 먹을 수 있다거나 유튜브 영상을 볼 수 있다거나 하는 식으로 보상을 만들어두면 좌뇌 타입의 사람은 노력의 동기를 찾을 수 있습니다. 그 이유는 행동의 결과가 눈앞에 명확히 보이기 때문입니다.

집중에는 범위의 한정이 중요한 요소인데, 대가라는 것은 일정한 '선'을 긋는 행위입니다. '나는 이만큼 노력했다', '잘해왔으니 여기서부터 또 힘내자'라는 식으로 자신이 긍정할 만한 구획을 만드는 일입니다. 합리적인 사람이 비합리에서 합리를 찾아내는 가장 쉬운 방법이기도 합니다.

우뇌 타입이 자신을 긍정하는 방법

감정적인 성향이 강한 우뇌 타입이 스스로 긍정하지 위해서는 자신의 기분을 끌어올리는 것이 유리합니다. 이를 위한 가장 쉬운 2가지 방법입니다.

1. 음악이나 취미의 힘을 빌려 기분 전환하기
2. 라이벌을 상상하며 경쟁심 만들기

좌뇌 타입과 조금 다르게 비합리적인 사람이 합리적으로 긍정하기 위한 방법입니다. 집중은 원래 비합리적인 것이라고 앞에서 설명한 적이 있습니다. 물리적·합리적인 대가 외에 감정이나 정서적인 보상을 만들어 뇌를 가동 상태로 만드는 것이 우뇌적 접근법입니다. 이때 가장 손쉽게 접근 할 수 있는 매체가 음악입니다.

음악을 들을 때 기분이 고양되는 것은 뇌과학으로도 입증된 사실입니다. 오래전부터 심신 건강을 위해 음악 치료가 활용됐습니다. 목숨을 다투는 치열한 전쟁에서도 병사들의 사기를 높이기 위해 음악을 연주하는 전문 악단이 있었습니다. 실제로 음악의 유무에 따라 병사들의 집중력이 크게 달라졌다고 합니다.

음악은 집중이 필요할 때 의지할 수 있는 수단입니다. 그래서 자신만의 '집중 BGM'을 만들어두는 것도 좋은 방법입니다. '이 음악이 나오면 집중해서 일을 시작한다'는 규칙을 스스로 만드는 것입니다.

자신의 집중 BGM에 익숙해지면 공부나 일을 할 때, 청소할 때처럼 집중력이 필요한 순간 음악을 집중력 스위치처럼 사용할 수 있습니다.

또 한 가지 추천하는 방법은 경쟁심이라고 하는 완전히 다른 별개의 감정을 일으키는 것입니다. 우뇌 타입의 사람들은 이성보다 감성이 앞서기 때문에 합리적인 보상이 큰 효과가 없습니다. 그럴 때는 감정적으로 접근해서 특정한 어떤 사람에게 지고 싶지 않다거나 비교당하고 싶지 않은 마음을 자극하면 집중력이 향상되는 효과가 있습니다.

나도 우뇌가 좀 더 강한 타입이라 라이벌의 존재로 인해 집중력이 향상된 경험이 있습니다. 고등학교를 졸업하고 재수를 준비할 때는 딱히 비교할 만한 친구가 없었습니다. 학원을 다니면서 같은 목표를 가진 사람들을 만나게 되었고, 그때부터 지고 싶지 않은 심리와 경쟁심에 불타올라 공부에 더 집중할 수 있었습니다.

사람은 강한 존재지만 혼자만의 힘으로 전진할 수 없을 때가 많습니다. 아무리 강한 욕망이 있어도 생각을 행동으로 옮기기 어려울 때가 있습니다. 그럴 때는 외부의 자극이 행동의 방아쇠를 당기는 트리거가 될 수 있습니다.

내가 처음 도쿄대에 가고 싶다는 생각을 했을 때는 사실 개인적인 희망에 지나지 않았습니다. 하지만 라이벌이 점점 늘어나고 함께 노력하다 보니 정말로 이루고 싶은 현실적인 목표가 되었습니다.

사람이란 개인의 감정뿐 아니라 주변의 여러 환경에 영향을 받으며 살아가는 존재입니다. 자신을 둘러싼 환경을 방해물이 아니라 발판으로 잘 활용한다면 완벽한 집중으로 연결될 수 있습니다.

시작이 어려운 건
정말 어렵기 때문이다

2장이 끝난 줄 아셨죠? 지금까지 목표의 명확화와 긍정이라는 두 가지 키워드로 집중력을 높이는 방법을 이야기했는데, 마지막으로 기술적인 측면에서 보강할 수 있는 방법을 소개하려고 다시 등장했습니다.

아무리 좋은 방법도 모든 사람에게 똑같이 적용되지 않는 경우가 있습니다. "삶은 예외가 있기 때문에 더 재밌다"는 말이 있을 정도니까요.

목표도 정했고 논리적·감정적으로도 이해한 상태임에도 불구하고 집중이 되지 않을 때가 간혹 있습니다. 이럴 때 내가 가장 먼저 의심하는 것은 '수준'의 문제입니다.

운동 전에는 항상 준비운동을 합니다. 느닷없이 격렬한 운동을 하면 몸이 따라가지 못하기 때문에 제대로 준비를 해둬야 합니다. 또한 헤엄치려면 물과 친해져야 합니다. 물속에서 눈을 뜨는 훈련이나 발장구를 치는 훈련을 한 뒤에야 수영을 할 수 있습니다.

이처럼 어떤 일을 시작할 때는 처음부터 완벽함을 추구하기보다 단계, 레벨에 맞춰 자신에게 맞는 방법을 찾아야 합니다. 시작이 어렵다고 느끼는 것은 정말로 어렵게 시작하기 때문입니다. 작심삼일처럼 실패를 자주 반복하는 사람들은 시작을 너무 어렵게 설정했을 가능성이 큽니다.

준비운동 없이 격한 운동을 시작하면 몸이 따라가기 위해 집중이고 뭐고 따질 겨를이 없습니다. 수영을 전혀 못하는 사람이 다이빙부터 시작한다면 오히려 겁을 먹고 제대로 배울 수 없을 것입니다. 그래서 자신의 수준에 맞는 단계를 밟는 것이 중요합니다.

무엇을 배우든 간단한 것부터 시작해서 점점 난도를

높여가는 것이 일반적인 순서입니다. 이런 자세를 가져야 처음부터 집중할 수 있습니다. A에서 B, B 다음에는 C, C 다음에는 D… 이런 순서로 나아가야 합니다. 처음부터 G나 X를 할 수 있는 사람은 없습니다.

재테크를 배우는 데 용어에 대한 습득이나 적응 없이 세금에 관한 책을 읽게 된다면 어떨까요? A나 B를 거치지 않고 X를 이해할 수 있을까요? 당연히 읽히지 않고 재미도 없을 겁니다. 그래서 이 자리를 빌려 추천하는 방법이 '간단한 것부터 시작하기'입니다.

책을 볼 때 어렵다고 느낀다면 자신의 수준에 맞게 좀 더 쉬운 책을 찾는 것이 좋습니다. 배경을 이해하거나 사전지식을 쌓는 준비를 하지 않으면 지식이 머릿속에 남지 않습니다. "아는 만큼 보인다"는 말은 진리입니다.

단적인 예로 패러디 작품은 원래의 이야기를 모르면 공감할 수 없고, 문학작품도 저자가 어떤 사람인지, 어떤 작풍을 가진 사람인지 이해한 뒤에야 진정한 재미를 느낄 수 있는 법입니다.

준비가 됐을 때 비로소 집중할 수 있습니다. 집중할

수 없다면 순서가 틀린 것입니다. 또는 집중할 대상에 접근하는 것이 너무 빨랐다는 신호일지 모릅니다.

일부러 쉬운 것부터 도전하라

빨리 성적을 올리고 싶어서 단계를 건너뛰고 상위의 문제를 풀면 어떻게 될까요? 잘 풀 수 있을까요? 70센티미터 허들도 넘지 못하면서 1미터 허들에 도전하는 것처럼 조금 무모한 일입니다. 그래서 공부에는 '정석'이 있는 것입니다.

나는 이 책을 쓰기 위해 다시 한번 도쿄대생을 대상으로 설문조사를 실시했습니다. 도쿄대생 중에서도 가장 높은 성적을 유지하고 있는 학생들에게 다음과 같은 공통적인 질문을 했습니다.

"당신은 어떻게 하면 집중이 됩니까?"

"어떻게 집중이 잘되는 상태를 만들었습니까?"

그러자 돌아온 대답 중 가장 많았던 것은 "간단한 것,

하기 쉬운 것부터 시작했다"는 것이었습니다. 도쿄대생은 일본 최고의 대학답게 집중력이 월등히 뛰어난 사람들이 모여 있는데, 그들의 답변에서 공통점을 발견할 수 있었습니다.

그것은 다른 사람이 시켜서, 또는 의도한 것이 아니라 자연스럽게 집중력이 발휘된다는 점입니다. 이를 단순하게 비유하자면 도쿄대생은 '언덕 위의 공'입니다. 몸을 앞으로 기울여 각도를 만들었기 때문에 저절로 힘이 더해져서 아래로 굴러간 것입니다.

공이 굴러가려면 어떤 형태로든 힘이 가해져야 합니다. 지금까지 배운 대로 '목표'와 '긍정', '능동적인 상태'가 제대로 작동하고 있다면 힘을 줘서 밀지 않아도 알아서 잘 굴러가게 됩니다.

그래서 첫걸음이 중요합니다. 그 처음이 쉬운 것부터 시작하기입니다.

자신에게 맞는 루틴을 습관화하라

세계 최고의 운동선수들은 물론 성공한 사람들은 집중할 때 자기만의 '루틴Routine'이 있습니다. 루틴은 어떤 일을 실행할 때 따르는 일정한 차례를 의미합니다. 습관적으로 정해 놓은 생활 방식이자 규칙인 셈입니다.

예를 들면 중요한 일이나 과제를 시작하기 전에 명상을 하거나 따뜻한 차를 마시거나 스트레칭을 하거나 다이어리를 꼼꼼하게 쓰는 등 일련의 행동들입니다. 사람들이 루틴을 중요하게 생각하는 이유는 스스로 편안한 집중 상태를 만들기 위해서입니다.

그러면 집중이 잘되는 날과 되지 않는 날 같은 핑계나 구분 없이 일관성 있게 집중에 빠져들 수 있게 됩니다.

한 가지 추천하고 싶은 방법은 '내일 할 일을 미리 만들어두기'입니다. 일이든 공부든 조금만 더 하면 끝날 정도에서 그날의 일을 남겨두는 것입니다. 그러면 아침에 일어나서 더욱 집중할 수 있게 됩니다. 나머지 일이나 공부를 처리해야 하니까요.

이 방법을 추천하는 이유는 제로에서 시작하는 것보다 이어서 시작하는 게 허들이 낮기 때문입니다. 오늘 할 일을 내일로 미루지 않는 루틴이 가장 이상적이지만, 완벽에 가까운 목표는 또 다른 스트레스가 될 수 있습니다. 지키지 못했을 때의 실망이나 자책감이 회복하기 힘들 만큼 무겁게 느껴질 테니까요.

그러나 나머지 일을 남겨두면 '조금만 하면 끝나니까 우선 이것부터 해야지' 하는 마음이 생깁니다. 그 다음에는 기세를 몰아 공이 더 잘 굴러가기 위해 새로운 일로 옮겨가면 됩니다. 편안한 루틴을 만들면 '자, 그럼 다음은!'이라는 생각이 들며 기분 좋게 집중할 수 있게 됩니다.

루틴은 각자의 취향이나 성향, 생활 패턴에 맞게 바뀔 수 있으며, 자신에게 맞는 방법을 찾는 것이 가장 좋은 효과를 발휘합니다. 처음에는 잘 따르기 어렵더라도 반복하다 보면 루틴을 실행한 후 자연스럽게 집중으로 이어지게 될 것입니다.

우뇌와 좌뇌,
양쪽을 골고루 활용하기

우리 뇌에는 우뇌와 좌뇌 두 개의 기관이 있습니다. 두 기관을 균형 있게 사용하면 시너지 효과가 나타나서 집중력이 더 크게 향상될 수 있습니다.

처음에는 우뇌적인 접근이 유리합니다. 논리보다는 감정에 따라 '이렇게 하고 싶은데', '이런 식으로 하면 더 재미있을 것 같아' 하는 식으로 생각하는 게 일이 잘 풀릴 확률이 높습니다.

공부할 때는 '오늘은 수학해야 되는데', '나한테 제일 부족한 건 영어야'라는 식으로 따지는 것도 중요하지만,

첫 단계에서는 '오늘은 수학이 끌리는데', '영어 공부부터 하고 싶다' 하는 식으로 내 마음이 가는 대로 시작하는 것이 집중에 더욱 효과적입니다.

누군가를 설득할 때는 좌뇌를 활용해서 성공하는 경우가 더 많고 집중도 잘됩니다. 감정적으로 호소하지 않으면 안 되는 일도 있지만, 논리적·객관적인 근거를 두고 말할 때 듣는 사람들은 합리적인 판단이라고 인지합니다.

근거 없이 감정적으로만 "이렇게 해야 합니다!"라고 말하면 공감하지 못해서 반론하는 사람들이 생길 수 있습니다. 사람들을 설득하려면 좌뇌의 논리가 밑바탕이 되어야 합니다.

감정만 있다면 동물과 같고, 논리만 있다면 기계와 마찬가지입니다. 인간적인 집중을 위해서는 두 가지를 함께 활용해야 합니다.

잡담입니다만, 나는 우뇌가 강한 타입이라 생각할 때

감정적으로 빠지는 경향이 있어서 반성을 자주합니다.
그래서 다른 사람과 대화하거나 설명할 때는 논리적으
로 말하려고 노력하는데, 그렇게 할 때 오히려 더 집중이
잘됩니다.

2장 포인트

~~~~~~~~~~~~~~~~~~~~~~~~~~~~~~~

- 집중은 과감한 선택으로 나머지를 잘라내는 것이다.

- 자신이 이해하지 못하는 일에는 집중할 수 없다.

- 목표와 지표를 1개로 선택하는 것이 집중에 효과적이다 .

- 감정적인 우뇌 타입은 기분 전환이 중요하다.

- 이성적인 좌뇌 타입은 합리적인 보상이 필요하다.

- 시작은 쉬운 것부터, 작은 성취가 중요하다.

집중을 통해 탁월한 성과를 내려면
시작하는 것만큼이나 지속하는 것이 중요하다.
하고 싶은 마음을 지속가능한 행동으로
옮기려면 즐거움과 아웃풋을 알아야 한다.

3장

하고 싶은 마음을
끝까지 끌고 가는 힘

: 초집중 2단계_동기의 지속

●●

난 위험에 대해 그리 많이 생각하지 않는다.

그저 내가 하고 싶은 것을 할 뿐이다.

앞으로 나아가야 한다면 그저 나아가면 된다.

- 릴리언 카터Lillian Carter

도쿄대생이 공부를
좋아할 수밖에 없는 이유

지금까지 집중하는 법에 대해 설명했습니다. 여기서 부터는 '초집중 3단계'의 두 번째로, '동기의 지속'에 관해 이야기하려고 합니다. 집중을 통해 탁월한 성과를 내려면 시작만큼 지속하는 것이 무엇보다 중요합니다.

"꾸준함을 이길 수는 없다"는 말을 아시죠? 한순간 또 는 단기적으로 집중하는 것은 꽤 쉬운 일입니다. 의지를 갖고 시작하면 처음에는 대부분의 일이 어떻게든 굴러 갑니다.

그런데 집중을 지속하는 것은 완전히 별개의 이야기

입니다. 오죽하면 '작심삼일', '의지박약'이라는 말이 보통 어로 쓰이겠습니까? 그만큼 지속하는 일이 가장 힘들다고 해도 과언이 아닙니다.

사실 집중을 지속하는 가장 효과적인 방법은 '즐기는 것'입니다. 좋아하는 게임을 하거나 재미있는 영화를 볼 때, 작품성 있는 미술작품을 보거나 좋아하는 사람과 이야기를 할 때 우리들은 눈 깜짝할 새에 시간이 흘러가는 경험을 합니다.

즐거울 때는 1시간이 찰나처럼 느껴지기도 합니다. 온전히 집중하고 있는 상태이기 때문입니다. 그래서 집중을 꾸준히 지속하는 데 가장 큰 역할을 하는 것이 즐거운 감정입니다. 하지만 한편으로는 이렇게 생각하는 사람도 있을 겁니다.

 지금 하는 일은 절대 즐겁다고 생각할 수가 없어요.

네, 충분히 공감합니다. 나도 공부를 즐길 수 없어서 고통받았던 경험이 있기 때문에 아무리 해도 즐기면서

할 수 없다는 고민을 이해합니다. 그런데 즐겁다는 감정에 대해 우리가 오해하고 있을 가능성이 있습니다.

도쿄대생 100명을 대상으로 한 설문조사에는 이런 질문도 포함됐습니다.

"당신은 공부가 즐겁습니까? 아니면 공부를 좋아합니까?"

결과는 어땠을까요? 놀랍게도 "즐겁다"고 대답한 학생이 전체의 73퍼센트를 차지했습니다. 더욱 놀라운 사실은 다음 질문에서 이어집니다.

"고등학교 입시를 포함해서 본격적으로 공부를 시작하기 전부터 공부가 즐겁다고 느꼈나요?"

이 질문에서는 33퍼센트의 학생만이 "그렇다"고 답했습니다.

도쿄대생은 자신이 주도적으로 공부하기 전까지는 즐겁다고 생각하지 않았습니다. 공부가 즐겁다고 느끼게 된 것은 의무적으로 해야 하는 공부가 아니라, 자신이 목표를 가지고 공부한 이후부터입니다.

현재 여러분이 좋아하는 스포츠는 언제부터 좋아하기

시작했나요? 실제로 해보기 전부터 "테니스는 엄청 재미있을 것 같아! 너무 좋아!"라고 생각한 사람은 단순히 흥미를 느낀 사람보다 많지 않을 것입니다.

테니스가 취미인 여러분에게 테니스를 해본 적 없는 사람이 "난 테니스 정말 싫어해. 생각한 방향으로 절대 공이 안 가잖아. 노력해도 아무 의미가 없고, 뭐가 재미있는지 모르겠어"라고 한다면 어떤 생각이 들까요?

"그런 평가는 테니스를 본격적으로 해본 다음에 해야지"라고 지적하고 싶을 것입니다.

집중의 즐거움을 극대화하는 열쇠

세상에 존재하는 모든 것들 중 대부분은 해본 뒤에야 가치를 알게 됩니다. 사랑, 헌신, 공부, 운동 등 자신이 경험해보지 않은 일은 즐겁지 않다고 생각하는 것이 일반적입니다.

코미디 영화의 고전으로 불리는 〈모던 타임스Modern

Times〉에서 주인공으로 등장하는 찰리 채플린Charles Chaplin
은 공장에서 하루종일 나사못을 조이는 단순한 일을 반
복합니다. 처음에는 하기 싫어하지만 점점 그 일에서 쾌
감을 느끼게 됩니다.

우리가 집중하는 경로도 똑같습니다. 시작해야 즐거
움을 깨닫게 되고, 반복함으로써 좀 더 앞으로 나아가고
싶어집니다. 즐거움은 실천 속에서 우리가 발견해야 하
는 가치입니다.

이런 즐거움을 좀 더 쉽게 극대화할 수 있는 방법은
'아웃풋'을 내보내는 것입니다. 단순히 읽거나 배우는 것
은 '인풋'입니다. 아웃풋은 지식이나 정보를 스스로 행동
으로 옮겨보는 것입니다.

쉽게 말해 아웃풋은 지식을 얻기 위해 책을 보는 행위
에서 나아가 책으로 얻은 지식을 일상생활에 접목해보
거나 자신의 문제에 대입해 해결해보려는 것입니다.

스포츠로 비유하자면 이론을 배울 수는 있어도 직접
느껴보지 않으면 몸에 익힐 수 없습니다. 헤엄을 잘 치려
면 물속에 들어가서 자신의 팔다리를 휘저으며 물의 압

력을 느껴봐야 합니다. 그렇게 물에 익숙해지면 수영의 즐거움을 느낄 수 있게 됩니다.

아는 것에서 그치지 않고 행동으로 '형태'를 만들어가야 집중의 즐거움을 알게 됩니다.

완벽한 집중을 위한
필수 준비물, 아웃풋

아웃풋은 보다 완벽한 집중을 위해서 꼭 필요한 요소입니다.

다음의 예시를 보면 어느 쪽이 더 집중이 잘될까요?

- 수학 교과서 읽기
- 수학 문제 풀기

하필 예시가 수학이라 공감이 안 될지도 모르겠네요. 어쨌든 읽는 것은 수동적인 자세로도 가능하기 때문에 누구나 쉽게 할 수 있는 영역입니다.

그러나 집중하기 위해서는 능동적인 자세가 필요하기 때문에 자신이 직접 생각하고 행동하지 않으면 안 됩니다. 교과서 읽기가 '인풋'이라면 문제 풀기는 '아웃풋'의 과정입니다.

연구를 통해 밝혀진 바로는 사람은 읽거나 이야기를 듣는 것보다 문제를 풀거나 설명할 때 더 집중을 잘합니다. 인풋 단계에서 무엇에 주목해 책을 읽을지, 어디에 에너지를 투입하면서 다른 사람의 이야기를 들을지를 결정하는 것이 상당히 어렵습니다.

책을 읽는다거나 다른 사람의 이야기를 듣는다는 것은 아무리 해도 '이만큼 했다'는 기준을 찾기가 어렵습니다. 하루를 마무리하며 일기를 쓸 때 '친구와 30분간 대화했다'라고 쓰지는 않을 겁니다. '친구와 이야기하며 좋은 시간을 보냈다' 정도로는 쓸 수 있겠죠.

그러나 아웃풋은 확실한 형태를 지니고 있습니다. 여러분이 오늘 수학 문제 풀기에 집중했다면, 일기장이나 공부 플래너에 '오늘은 수학 문제 10개를 풀고 9개를 맞쳤다'라는 식으로 쓸 수 있을 겁니다. 눈앞에 알기 쉬운 증거가 남아 있죠.

이처럼 아웃풋은 해야 할 일과 내가 한 행동의 결과가 명확하기 때문에 아웃풋을 기준으로 목표를 설정하면 달성할 확률이 높아집니다.

인풋과 아웃풋을 이해하기 위해 더 쉬운 예를 들어보겠습니다.

만약 선생님이 학생들에게 "수학책을 30쪽부터 3장 읽고 오세요"라고 숙제를 냈다고 가정해봅시다. 3장 정도야 쉽게 읽을 수 있을 겁니다. 그러나 누군가는 후다닥 대충 넘기며 읽어버리고, 누군가는 암기할 수 있을 정도로 시간을 들여 읽어올 것입니다.

똑같은 일도 사람에 따라서 생각하고 이해하는 범위가 달라지는 것입니다. 이것이 인풋이 가진 치명적인 단점입니다.

그런데 선생님이 학생들에게 "수학책 30쪽에 나온 문제 3개를 풀어 오세요"라고 했다면 어떨까요? 100명이 있다면 100명 모두 똑같이 이해하고 같은 문제를 풀어올 것입니다.

읽기, 듣기와 비교해보면 풀기, 쓰기는 자신이 무엇을 해야 할지 명확하게 알기 쉽고 결과를 한눈에 파악할 수 있습니다.

도쿄대생에게 "가장 집중이 잘 되는 과목은 무엇인가요?"라고 물어보니 실제로 가장 많은 응답이 나온 과목이 수학이었습니다.

문과나 이과 같은 전공과 관계없이 수학은 많은 사람들에게 집중하기 좋은 과목으로 인식되고 있었습니다. 수학이 아웃풋을 전제로 한 과목이기 때문이라고 생각합니다. 그래서 수학에 자신 없는 학생들이 성적을 높이고 싶을 때 수학 문제집을 많이 풀어보려고 합니다.

결과적으로 인풋이 많은 과목보다 아웃풋이 많은 과목이 더 집중하기 쉽습니다.

아웃풋은 뇌를 가동하는 최고의 수단이다

아웃풋이 집중에 더 좋다는 것은 뇌과학으로도 증명된 사실입니다. 무언가를 배우려는 사람은 기본적으로 펜과 노트를 준비합니다. 기록해야 더 오래 기억에 남고, 복습할 수도 있기 때문입니다. 아무것도 적지 않고 머리로만 생각해서 배울 수 있는 사람은 기억력이 비상한 천재가 아닌 이상 없습니다.

아웃풋은 오감을 잘 활용하는 일입니다. 펜을 들고 있는 손의 촉각, 눈으로 노트에 쓰인 글자를 따라가는 시각, 자신의 목소리로 따라 읽을 때의 청각 등 오감 가운데 세 가지를 가장 많이 활용합니다.

미술이나 건축, 실험, 요리 같은 분야에서는 미각과 후각도 중요한 아웃풋으로 작용할 것입니다.

어릴 때부터 "암기할 때는 쓰고 말하면서 외워야 머릿속에 오래 남는다"는 말을 많이 들었습니다. 쓰고 말하는 행위 자체가 아웃풋입니다.

여러 감각을 사용할 때 인간은 '실천하고 있다'는 감각

을 직접적으로 느끼게 됩니다. 보거나 읽는 것은 멀리 방
관자의 입장에서도 할 수 있지만, 쓰거나 말하는 것은 자
신이 주체가 되지 않으면 할 수 없는 일입니다.

그래서 아웃풋, 즉 쓰고 말하는 것이 더 집중이 잘될
수밖에 없습니다.

아웃풋을 다른 말로 풀이하면 '능동적인 상태의 결정
판'이라고 할 수 있습니다. 집중이 어려운 사람이 집중하
기 위해서는 몸을 앞으로 기울이는 자세를 만드는 것이
중요하다고 설명했습니다. 여기에서 가장 중요한 '능동
성'이라는 요소는 아웃풋 없이 설명할 수 없습니다.

수동적인 자세에서는 무엇을 배우든 자신의 것으로
만들기가 어렵기 때문에 능동적으로 몸과 머리를 써야
합니다. 스스로 움직이지 않으면 아웃풋은 일어나지 않
습니다.

"무언이든 문장을 써보세요"라는 말을 듣고 글을 쓰지
못하는 사람은 수동적인 자세에 갇혀 있는 상태입니다.
'무엇을 쓸까?', '어떤 구성으로 써야 할까?', '참고가 될 만
한 문장이 뭐가 있을까?' 고민하지 않으면 한 문장도 제

대로 쓸 수 없습니다.

'아, 그렇구나' 하고 수긍하며 의문이나 다음 단계를 고민하지 않으면 아무리 훌륭한 수업이나 잠언도 잠시 스쳐가는 바람에 지나지 않습니다.

한마디로 인풋은 'Listen', 아웃풋은 'Take'입니다. 다시 한번 강조하지만, 능동적인 자세를 갖고 내 머리와 몸으로 생각하고 움직여야 가장 쉽고 빠르게 집중할 수 있습니다. 뇌가 활발히 가동하는 상태가 되도록 말입니다.

집중을 지속하기 위한 아웃풋의 원칙을 반드시 기억하기를 바랍니다.

인풋은 줄이고
아웃풋은 늘려라

집중해서 확실한 성과를 내려면 '아웃풋을 어떻게 늘릴 것인가'를 고민해봐야 합니다. 인풋을 아웃풋으로 전환하는 3가지 방법을 소개하겠습니다.

첫 번째, 읽거나 듣는 쪽에 무게를 두지 말고, 문제를 풀고 설명하는 일의 비중을 늘림으로써 더욱 완벽하게 몰입할 수 있습니다.

> 다른 사람의 이야기를 듣거나 책을 읽는다.

↓

> 키워드를 찾거나 질문한다.

책을 읽거나 이야기를 듣거나 다른 사람이 시키는 일을 따르는 것은 인풋입니다. 인풋을 아웃풋으로 바꾸기 위해서는 스스로 생각하는 힘이 필요합니다.

예를 들어 대화하거나 회의를 할 때 '아, 이 사람이 말하는 것을 한마디로 정리하자면 이건가?' 하는 식으로 키워드를 찾아봅니다. 중요한 단어가 무엇인지 찾아보는 능동적인 행위는 집중에 아주 효과적입니다.

또한 '내가 이해하지 못하는 게 뭘까?', '지금 이 얘기에서 말이 안 되는 부분이 있는데, 뭐지?'라는 식으로 스스로 질문을 찾아보는 것도 의미 있습니다. 그러면 다른 사람의 이야기나 주장에 무작정 휩쓸리지 않고 객관적으로 판단할 수 있습니다.

두 번째, 지식을 늘리거나 배우려 할 때는 자기이해에서 끝나지 않고 다른 사람에게도 설명할 수 있도록 정리하는 것이 공부 효율을 높이는 방법입니다.

책이나 뉴스를 보면서 지식의 양을 늘린다.

내가 배운 것을 다른 사람에게 설명하거나
설득할 수 있는 자료를 만든다.

　솔직히 말해서 실제로 지식이 얼마나 늘었는지는 아무도 모릅니다. 뇌과학의 진보로 30년 뒤 '지식의 양을 측정하는 기술'이 나올지도 모르겠지만, 적어도 지금은 불가능합니다.

　자신이 가진 지식의 양이나 질을 측정하는 가장 적절한 기준은 '설명할 수 있는가'의 여부입니다.

　"내가 이해한 부분을 다른 사람에게 설명할 수 있는가?"

　"또는 그런 자료를 만들 수 있는가?"

　이 질문을 가슴에 품고 있으면 단순한 인풋도 아웃풋으로 발전할 수 있고, 빠르게 몰입할 수 있습니다.

　여기서 추천하는 방법은 메모에 그치지 않고 파워포인트나 일러스트로 정리하는 것입니다. 글로 설명하는 것보다 이미지로 정리할 때 머릿속에 더 오래 남고, 다른 사람도 쉽게 이해할 수 있습니다.

作業한다.

↓

실수가 발생하기 쉬운 곳을 찾는다.

마지막으로, 작업하면서 실수하기 쉬운 부분을 찾아 아웃풋의 완성도를 높입니다. 능동적으로 손과 머리를 써서 말하거나 공부해도 만족스러운 결과물을 얻지 못할 때가 있습니다. 반복되면 익숙해지기 때문입니다. 물론 이런 상태도 집중으로 볼 수 있지만, 무의식적인 상태에서는 실수가 발생하기 쉽습니다.

이러한 점을 보완하기 위해서는 틀리거나 놓치기 쉬운 부분을 미리 예상해보고, 일명 '실수 매뉴얼'을 만들어서 예방하는 것입니다. 공부로 따지면 문제집을 푼 뒤 틀린 답을 정리해서 나만의 '오답 노트'를 만드는 것과 같은 방식입니다.

그러면 어떠한 실수나 문제에도 당황하지 않고 적극적으로 대응할 수 있게 됩니다.

최선의 결과를 위해
아웃풋을 시각화하라

아웃풋을 활용해 집중력을 지속시키기 위한 가장 효과적인 방법을 알아보겠습니다.

집중하기 위해서는 목표 설정이 중요하다고 여러 번 강조했습니다. 예를 들어 '3장 읽기'보다 '문제 3개 풀기'가 결과에 더 효과적인 것처럼 아웃풋을 '시각화'하면 내가 해야 할 일을 체계적으로 파악할 수 있습니다.

아웃풋을 시각화하는 구체적인 방법을 다음과 같습니다.

1. **가장 큰 목표를 분명하게 정한다.**

   : 장기적인 관점에서 내가 정말로 이루고 싶은 것이 무엇인지 고찰하고, 거기서부터 거슬러 내려오면 효과적으로 목표를 계획할 수 있습니다.

2. **목표를 위해 해야 할 큰 과제를 2~3개로 정리한다.**

   : 책 읽는 습관 만들기, 수학 문제 많이 풀기, 기획서 완성하기 등 목표 달성을 위해 지속해야 할 중간 과제나 해야 하는 일의 방향성을 정합니다.

3. **큰 과제에 구체적인 숫자를 넣어 작은 과제로 만든다.**

   : 매일 책 10장 읽기, 매일 수학 문제 10개 풀기, 기획서에 들어갈 연구 사례나 참고할 디자인 10개 찾기 등 큰 과제를 이루기 위해 내가 꼭 해야 할 일들을 정의해나갑니다.

4. **작은 과제의 기한을 정한다.**

   : 자기 전 책 10장 읽기, 아침밥을 먹기 전에 수학 문제 10개 풀기, 이번 주 금요일까지 PPT로 기획서 완성하기 등 작은 과제에 집중할 수 있도록 구체적인 지침을 정합니다.

이것을 보다 쉽게 설명하면 다음과 같이 정리할 수 있습니다.

자신이 설정한 목표를 이루기 위해 큰 과제, 작은 과제로 세분화하면 해야 할 일이 명확하게 보이기 때문에 집중력을 더 오래 끌고갈 수 있습니다. 여기에 한 달, 일주일, 하루 등 구체적으로 주기를 나누면 실천하기가 수월해집니다.

다음은 필수는 아니지만, 추가하면 더욱 결과가 좋아지는 방법입니다.

5. **작은 과제에 아웃풋의 양을 늘린다.**

: 가능하면 작은 과제에 아웃풋을 늘리는 것이 좋습니다. 만약 작은 과제에 능동적인 상태가 될 수 있는 아웃풋이 적다면 과제를 다시 쓰거나 추가함으로써 분량을 늘릴 수 있습니다.

6. **작은 과제를 하나씩 실천한다.**

: 이제 남은 것은 실천입니다. 작은 과제의 목표와 기간에 맞춰 완수할 수 있도록 노력하고, 끝마치면 별도로 표시해둡니다. 이런 작은 과제가 모이면 큰 과제가 완성됩니다.

7. **모든 과제를 끝냈다면 미션 클리어!**

: 성취의 즐거움을 만끽하고, 이때의 경험을 살려 다른 일에도 자신 있게 도전해보세요.

작은 과제를 모두 끝마치면 큰 과제도 자동적으로 완료돼서 목표를 달성하게 됩니다. 이처럼 자신이 해야 할 일과 하고 싶은 일을 목표로 연결하면 어떤 일이든 만족스럽게 이룰 수 있습니다.

과제를 세세하게 나눠 한 단계씩 진행하다 보면 내가 진짜로 원하는 것이 무엇인지 깊이 인식하게 됩니다. 다시 말해 자신이 당면한 눈앞의 실질에 대해 긍정할 수 있게 되는 것입니다. 그러면 시작, 실천, 실행이 쉬워집니다.

게다가 이 방법은 '즐거움을 찾는다'는 측면에서도 특화되어 있습니다. 경험해보기 전에는 내가 무엇에 즐거움을 느끼고, 잘

할 수 있는지 알 수 없습니다. 낮은 기대치와 다르게 막상 해보니 의외의 재미를 발견할 수도 있고, 목표를 향해 노력하는 일을 즐겁다고 느낄지도 모릅니다.

별다른 어려움 없이 무리하지 않고 집중할 수 있는 사람은 목표를 향해 노력하는 행위 자체에서 즐거움을 찾았기 때문입니다. 타고난 기질과 지능에 상관없이 목표를 완수하는 순수한 즐거움과 성취를 일찍 경험한 사람일지 모릅니다.

하기 싫어도 해야 하는 일뿐 아니라 내가 하고 싶은 일에도 집중이 되지 않는다면 이 방법을 통해 목표를 세분화해보길 추천합니다. 그러면 목표를 향해 나아가고 싶은 마음이 생기고, 단발적인 노력에서 끝나지 않고 지속가능한 힘으로 이어질 수 있습니다.

아웃풋이
불편한 사람도 있다?

　일본인의 민족성을 분석한 연구 자료를 보면 아웃풋
보다 인풋을 좋아한다고 합니다.

　해외의 수업 장면을 보면 학생들이 적극적으로 손을
들고 발표하려는 모습이 무척 인상적입니다. "네!" 하고
당당하게 손을 드는 것은 자신의 의견을 주장하는 데 스
스럼이 없기 때문입니다.

　반면 일본의 수업 환경을 보면 적막이 흐를 때가 많습
니다. 선생님이 "누가 의견을 말해볼까요?"라고 해도 용
기 있게 손을 들지 못합니다.

일본인은 신중한 만큼 다른 사람들의 시선을 지나치게 의식하기 때문에 소극적으로 행동하는 경향이 있습니다. 그래서 일본인 중에는 자신의 의견을 말하기보다 다른 사람의 이야기를 듣는 것을 편안하게 생각하고, 혼자 책을 읽거나 혼자 고민을 해결하려는 사람이 많습니다.

주장을 통해 아웃풋을 내는 것보다 조용히 자신의 내면 안에서 정의하고 정리하기를 즐기죠.

아웃풋의 역할과 중요성에 대해 모르는 사람은 이제 없을 겁니다. 다만 아웃풋을 낸다는 것은 인풋보다도 허들이 높습니다. 누구나 할 수 있다면 이 책처럼 집중력을 높이는 방법을 소개할 필요가 없겠죠.

그럼에도 불구하고 나는 물론 수백 명의 도쿄대생은 아웃풋을 통해 최고의 성과를 이뤘습니다. 나는 자랑하기 위해 이 책을 쓴 것이 아닙니다. 누구라도 할 수 있다는 자신감과 확신을 심어주기 위해 썼습니다.

남들보다 아주 약간 소심하거나 신중하거나 자신감이

없는 사람들에게 '내가 해냈어!'라는 짜릿한 기분을 느끼게 해주고 싶은 것입니다.

아웃풋은 쉽지 않은 일이지만, 인풋보다 허들이 조금 높다는 단점을 상쇄하고도 장점이 훨씬 많다는 점을 강조해서 말하고 싶습니다. 아웃풋은 현실적으로 말로 설명할 수 있고, 기록이나 점수나 물건으로 과정과 결과를 남길 수 있으며, 단단한 형태가 되어 나를 더욱 빛나는 존재로 만들어줍니다.

나도 아웃풋을 이해하기까지 꽤 오랜 시간이 걸렸습니다. 그런데 한번 경험하고 나니 생각만큼 어렵지 않은 일이었다는 것을 알게 되었습니다.

이러한 경험을 책으로 써보자고 결심했을 뿐인데 벌써 12권을 출간한 작가가 되었습니다. 처음에는 한 줄을 쓰는 것도 힘들었지만, 아웃풋이 즐거워지면서 지금은 거침없이 쓸 수 있는 수준이 되었습니다.

사실 나는 과학적으로 따지면 지능이 보통 사람보다

살짝 낮은 편입니다. 그런 나도 해냈습니다. 두려워하지 말고 한 걸음만 내딛어보세요. 단 한 걸음만으로도 여러분의 세상이 파노라마처럼 넓게 펼쳐질 것입니다.

3장 포인트

- 즐거운 감정은 동기를 지속하는 가장 강력한 아군이다.

- 아는 것에서 그치지 않고 형태를 만들면 집중이 더 즐거워진다.

- 아웃풋은 오감을 활용해 집중력과 능률을 높여준다.

- 인풋을 줄이고 아웃풋을 늘려야 집중력이 더 오래간다.

- 큰 과제를 작게 쪼갤수록 목표 달성 가능성이 올라간다.

집중력은 심리적 측면에서도
영향을 받기 때문에 똑같은 기술도
사람에 따라 다르게 작용할 수 있다.
그렇기 때문에 점검이라는 '자기이해'를 통해
개인의 성향이나 집중하는 유형을 알면
더욱 효과적으로 빠져들 수 있다.

4장

내 집중력을
업그레이드하는 법

: 초집중 3단계_점검

●●

우리가 보낸 하루하루를 모두 더했을 때

그것이 형체 없는 안개로 사라지느냐

아니면 예술 작품에 버금가는 모습으로 형상화되느냐는

우리가 어떤 일을 선택하고

어떤 방식으로 일하는가에 달려 있다.

– 미하이 칙센트미하이|Mihaly Csikszentmihalyi

왜 지금 집중력 점검이
필요한가

집중력을 내 것으로 만들기 위해서는 아직 한 가지 과정이 남아 있습니다. 바로 초집중 기술의 3단계인 '점검'입니다. 내가 제대로 집중하고 있는지, 아닌지를 파악하는 기술을 익힐 필요가 있습니다.

지금까지 설명한 '무리하지 않는 집중'의 핵심은 자신도 모르는 사이에 스르륵 빠지게 되는 집중입니다. 어떤 일에 집중하고 있을 때는 집중하고 있다는 사실을 인지하지 못하는 경우가 일반적입니다. '우와, 나 지금 엄청 몰입했어!'라고 느끼는 순간은 거의 없습니다.

즉 능동적인 자세로 집중하고 있는 상태는 여간해서는 의식하기 어렵습니다. 그렇기 때문에 더욱 집중력 점검이 필요합니다. 심리적인 영향으로 단발적인 집중을 반복하고 있거나 생각과 달리 쉽게 빠져나오게 되는 얕은 집중 상태일 가능성이 있기 때문입니다.

점검을 통해 내가 온전히 집중하고 있는지를 살펴보고, 만약 집중이 깨지거나 지속되지 않는 상황이 목격된다면 다른 방법을 모색해야 합니다.

되돌아볼 대상은 집중의 질뿐 아니라 자기이해도 포함됩니다. 반추를 통해 자신에 대한 이해를 심화해나감으로써 더욱 능동적인 자세를 가질 수 있습니다.

자기이해를 통해 알게 되는 것들

본문 시작 전에 자신의 성향을 파악하는 간단한 테스트를 진행했습니다. 두 번째 테스트의 결과를 기억하시나요? 새로운 일을 시작할 때 사람들은 두 자기 패턴으로 나뉩니다. 바로 '신중파'와 '행동파'입니다.

신중파는 단어 그대로 조심성이 많습니다.

'할까, 말까? 실패하면 어쩌지? 내가 정말 잘할 수 있을까?'

일의 의미가 중요하기 때문에 고민하느라 실천하기까지 비교적 시간이 걸립니다. 그러나 일단 시작하면 누구보다 깊게 집중해서 일을 빠르게 수행합니다. 이런 사람들은 시작하는 데 시간이 오래 걸리기 때문에 결단을 빨리 내리는 기술을 반복하는 것이 효과적입니다.

행동파는 일을 생각하기보다 즉시 행동으로 옮기는 사람입니다. 실천은 빠르지만 막상 시작한 뒤에는 지속하지 못하는 경우가 많습니다. 도전하는 것에 흥미를 느끼기 때문에 생각만큼 일이 잘 풀리지 않으면 의욕이 급격히 저하되는 모습을 보입니다. 작심삼일이 가장 많은 유형이기도 합니다.

이런 사람들은 실천의 허들이 낮기 때문에 첫 번째 단계까지는 쉽게 수행할 수 있습니다. 그러나 끝까지 해내는 힘이 부족하기 때문에 지속적으로 이어갈 수 있는 작은 단계를 여러 개 만들어두는 것이 효과적입니다.

2015년 도쿄대 입시에 두 타입에 관한 문제가 출제됐습니다.

"두 개의 영어 속담 중에서 자신에게 더 필요한 조언을 고르고, 그 이유를 서술하시오."

1. **Look before you leap**(도약하기 전에 잘 생각하라).
2. **You who hesitate is lost**(주저하면 기회를 잃는다).

이 문제는 능동적인 자세를 갖는 데 중요한 힌트를 포함하고 있습니다. 행동파라면 전자의 조언이 도움이 될 것입니다. 행동하기 전에 신중하게 고민해보면 어려움이 생겨도 쉽게 포기하지 않는 내성을 가질 수 있습니다.

반대로 신중파라면 후자의 조언이 더 도움이 될 것입니다. 논리는 행동한 뒤에 생각하기로 하고, 우선 집중해야 할 대상을 재빠르게 파악해서 실행에 옮긴다면 좀 더 효율적으로 결과를 도출할 것입니다.

초집중 기술은 누구라도 쉽게 집중에 빠져들 수 있도

록 만든 유용한 수단이지만, 모든 사람에게 똑같이 적용되지는 않습니다. 집중력은 사람의 행동만큼이나 심리적 측면에서 영향을 받기 때문에, 사람의 성향에 따라 집중의 질이 다를 수 있습니다.

그렇기 때문에 점검이라는 자기이해를 통해 개인의 성향이나 집중하는 유형을 알면 더욱 효과적으로 빠져들 수 있습니다.

나를 아는 것만큼
효과적인 자기계발은 없다

아웃풋은 집중력을 지속하게 만드는 뇌의 엔진인 만큼 자신의 역량과 숨은 가능성을 발견하는 데 꼭 필요한 수단입니다. 어떤 식으로든 형태로 확인할 수 있기 때문에 아웃풋은 자신을 판단하는 중요한 근거가 될 수 있습니다.

어떤 분야에 대해 내가 얼마만큼 알고 있는지 어떻게 판단할 수 있을까요? 가장 쉬운 방법은 테스트입니다.

분야에 관련된 문제를 쉽게 풀 수 있다면 필요한 지식을 습득한 정도라고 볼 수 있고, 분야에 관련된 상식을 누군가에게 설명할 수 있다면 더 높은 수준의 지식을 습득했다고 볼 수 있습니다.

다시 말해 아웃풋의 결과로 객관적인 시각을 갖게 됩니다. 공부나 시험뿐 아니라 성격이나 자기이해도 마찬가지로 적용됩니다.

자신에 대해 완벽하게 알고 있는 사람은 없습니다. 내가 무엇을 이해하고 있는지, 무엇을 인지하거나 의식하고 있는지에 관한 평가는 독자적인 행위일 수밖에 없습니다. 자신의 일이기 때문에 오히려 보이지 않는 것들이 존재합니다.

그래서 집중과 직결된 자기이해를 높이기 위해서는 아웃풋의 역할이 중요합니다.

'내가 이렇게 행동했다는 건 역시 이게 신경이 쓰이는 거구나.'

'의도한 건 아니지만 괜찮은 결과가 나왔네. 내가 이런 걸 잘하나?'

이런 식으로 아웃풋을 되돌아봄으로써 자기이해를 심화할 수 있습니다. 자신을 아는 것만큼 재능이나 능력을 빠르게 높이는 효과적인 방법이 없습니다.

사람은 자신의 모습을 완벽하게 볼 수 없습니다. 자신의 전체 모습을 한 번에 볼 수 있는 방법이 있을까요? 불가능한 일입니다. 그러나 거울을 사용하면 아주 손쉽게 가능해집니다.

마찬가지로 자신을 잘 이해하고 싶다면, 나에게 맞는 방법으로 온전히 집중하는 즐거움을 경험하고 싶다면 '아웃풋'이라는 거울을 적극적으로 사용해보세요.

자신에게 맞는
집중 스타일을 찾아라

아웃풋을 통해 나의 성향을 알아볼 수 있습니다. 본문 시작 전 테스트에서 간단하게 소개해드렸던 부분입니다.

정확히 말하자면 전혀 다른 타입이 아니라 모두 유기적으로 연결되어 있습니다. 내가 어떤 성향이 두드러지는지를 알면(첫 번째), 이를 통해 맞는 아웃풋 방법을 찾을 수 있고(두 번째), 그에 맞는 대처법(세 번째)을 알 수 있게 됩니다.

첫 번째는 우뇌 타입과 좌뇌 타입입니다. 긍정을 위해 알아둬야 할 지표이며 근본적으로 자신의 생각과 밀접한 관계를 이루기 때문에 가볍게 지나쳐서는 안 되는 부분입니다.

자신이 어떤 측면에 더 강한지를 알게 되면 다음의 두 가지 타입, 즉 신중파와 행동파로서 자신에게 가장 효과적인 아웃풋을 찾을 수 있습니다.

신중파와 행동파는 시작은 오래 걸리지만 행동하면 빠른지, 시작은 빠르지만 행동할수록 힘들어지는지로 나뉘게 됩니다.

다음의 사례 중 자신이 어디에 속하는지 생각해보세요.

- 계획을 세우는 것이 재밌다.
- 아웃풋을 어떻게 만들지 생각하는 것이 보람 있다.

시작에 충분한 시간을 확보하고 싶은 신중파

- 시작이 반이라고 생각한다.
- 작은 과제를 해결하며 아웃풋을 실천하는 것이 적성에 맞는다.

시작에 긴 시간을 쏟지 않고 바로 실천하는 행동파

신중파는 계획을 세우는 활동, 즉 일의 의미를 정의할 때 즐거움을 느끼는 경우가 많습니다. 혹시 오해할까봐 덧붙이자면 이것은 나쁘다, 좋다의 개념이 아닙니다. 사람의 다양성을 인정하고, 단지 성향 차이일 뿐이라고 말하는 것입니다.

시작은 느리지만 신중한 사람들이 스스로 긍정할 수 있는 계획을 마련한다면 행동파보다도 더 오래 집중할 수 있습니다.

이와 달리 행동파는 계획보다 실천하는 행위에서 즐거움을 느끼는 경향이 있습니다. 직접 경험하며 자신이 결과를 축적하기를 기대합니다.

작심삼일 또는 의지박약, 미루기 같은 많은 사람이 버리고 싶어 하는 습관을 예방하는 수단으로써 추천하고 싶은 것도 바로 이것입니다. 자신이 한 일들이 차곡차곡 쌓여간다는 감각을 느끼게 되면 동기부여가 되어 더욱 능동적으로 움직이게 됩니다. 그러면 노력하지 않아도 스스로 해보고 싶은 마음이 무기력을 이기게 됩니다.

이 두 가지 유형의 대처법으로 세 번째 타입을 알아봅시다.

세 번째는 노력형과 효율형입니다. 노력형은 자신이 들이는 공력에 가치를 느끼고 더욱 분발하기 위해 애쓰는 사람입니다.

효율형은 반대로 노력에 대한 기대보다는 기술적인 측면에서 더 나은 결과를 모색하는 사람입니다.

일반적으로 집중을 잘하는 사람은 '노력하는 사람'이라고 생각합니다. 천재에 비유해 자신의 부족함을 채우기 위해서는 의지와 열정을 무기로 삼아야 한다고 인식합니다. 그러나 집중은 다릅니다.

'죽을힘을 다해 전력을 기울이고 싶은데 마음대로 되지 않는다' 또는 '잘하고 싶은데 노력하는 게 너무 힘들다'고 토로하는 사람들에게는 '불필요한 일에 애쓰지 않고 효율적으로 행동할 수 있는 선택'이 필요합니다.

다시 말해 무리한 노력을 하지 않고 가장 중요한 일을 선택하는 것이 집중력 향상에 수반되는 필수 요소입니다. 똑같은 시간을 가지고도 다른 결과나 성과를 내는 차이는 바로 이런 '효율'에 있습니다.

여러 번 강조하지만, 집중하기 위해서 가장 먼저 해야 하는 일은 노력하지 않기 위해 내가 할 일 또는 해야 할 일만을 과감하게 선택하는 것입니다.

도쿄대생을 분석한 결과 노력형보다 효율성 학생이 조금 더

우세하게 나뉘었습니다. 양보다 질을 생각해서 최소한의 시간을 최대로 활용하는 학생이 있는 반면 자신의 페이스대로 단계를 밟으며 노력하는 학생도 있었습니다. 조사에서 가장 흥미로운 부분은 자신과 반대 타입의 행동을 취했을 때 더욱 좋은 결과가 나타났다는 점입니다.

노력이 중요한 사람이라면 노력을 효율화할 방법을 생각해야 하고, 효율이 중요한 사람이라면 효율을 지속가능한 힘으로 변환하는 방법을 모색해야 합니다. 노력형은 효율적으로, 효율형은 노력으로 집중력을 끝까지 끌고 가는 방법에 대한 고민이 필요합니다.

8가지 타입별
집중력을 높이는 법

나는 일본 공부 천재들의 공부법을 연구하면서 성향을 더욱 세밀하고 복합적으로 구분해야 자신만의 '집중 스타일'을 찾을 수 있다고 판단했습니다.

다음의 8가지 타입은 다각적으로 연결되어 있기 때문에 집중력을 높이는 맞춤 방법이 중복됩니다. 한 가지 특징만 가지고 있는 사람은 없기 때문입니다. 사람은 다양한 특성이 복합적으로 응축되어 있기 때문에 그에 맞게 접근해야 집중에 더 큰 효과를 기대할 수 있습니다.

8가지 집중 타입

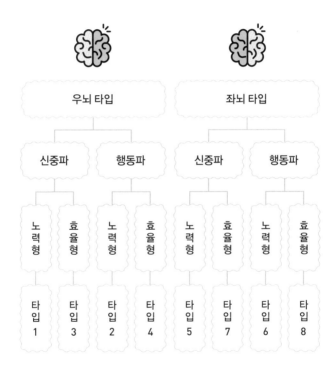

우뇌 　　　　 신중 　　　　 노력

특징

- 사물을 감정적으로 평가하는 버릇이 있다.
- 시작은 오래 걸리지만, 막상 실행하면 집중을 잘한다.
- 무엇보다 노력의 가치를 중요하게 생각한다.

집중력을 높이는 맞춤 방법

- 음악이나 취미의 힘을 빌려 기분을 끌어올린다.
- 결과는 실행한 뒤에 생각하기로 하고, 집중할 대상을 빠르게 선택한다.
- 노력을 효율적으로 활용하는 방법을 찾는다.

타입 2

우뇌

행동

노력

특징

- 사물을 감정적으로 평가하는 버릇이 있다.
- 말이나 생각보다 실천이 빠르다.
- 무엇보다 노력의 가치를 중요하게 생각한다.

집중력을 높이는 맞춤 방법

- 음악이나 취미의 힘을 빌려 기분을 끌어올린다.
- 자신이 한 일과 그에 따른 성과를 세세하게 기록한다.
- 노력을 효율적으로 활용하는 방법을 찾는다.

타입 3

우뇌

신중

효율

특징

- 사물을 감정적으로 평가하는 버릇이 있다.
- 시작은 오래 걸리지만, 막상 실행하면 집중을 잘한다.
- 논리적인 측면에서 쓸데없는 노력만큼 낭비는 없다고 생각한다.

집중력을 높이는 맞춤 방법

- 음악이나 취미의 힘을 빌려 기분을 끌어올린다.
- 결과는 실행한 뒤에 생각하기로 하고, 집중할 대상을 빠르게 선택한다.
- 지속적인 집중을 위해 노력해야 할 부분을 찾는다.

타입 4

우뇌 행동 효율

특징

• 사물을 감정적으로 평가하는 버릇이 있다.
• 말이나 생각보다 실천이 빠르다.
• 논리적인 측면에서 쓸데없는 노력만큼 낭비는 없다고 생각한다.

집중력을 높이는 맞춤 방법

• 음악이나 취미의 힘을 빌려 기분을 끌어올린다.
• 자신이 한 일과 그에 따른 성과를 세세하게 기록한다.
• 지속적인 집중을 위해 노력해야 할 부분을 찾는다.

타입 5

좌뇌

신중

노력

- 사물을 합리적으로 생각하는 버릇이 있다.
- 시작은 오래 걸리지만, 막상 실행하면 집중을 잘한다.
- 무엇보다 노력의 가치를 중요하게 생각한다.

집중력을 높이는 맞춤 방법

- 목표에서부터 반대로 역산해 세부 계획을 세우거나 눈앞에 있는 일에 '보상'을 만든다.
- 결과는 실행한 뒤에 생각하기로 하고, 집중할 대상을 빠르게 선택한다.
- 노력을 효율적으로 활용하는 방법을 찾는다.

타입 6

좌뇌

행동

노력

특징

- 사물을 합리적으로 생각하는 버릇이 있다.
- 말이나 생각보다 실천이 빠르다.
- 무엇보다 노력의 가치를 중요하게 생각한다.

집중력을 높이는 맞춤 방법

- 목표에서부터 반대로 역산해 세부 계획을 세우거나 눈앞에 있는 일에 '보상'을 만든다.
- 자신이 한 일과 그에 따른 성과를 세세하게 기록한다.
- 노력을 효율적으로 활용하는 방법을 찾는다.

타입 7

좌뇌

신중

효율

특징

- 사물을 합리적으로 생각하는 버릇이 있다.
- 시작은 오래 걸리지만, 막상 실행하면 집중을 잘한다.
- 논리적인 측면에서 쓸데없는 노력만큼 낭비는 없다고 생각한다.

집중력을 높이는 맞춤 방법

- 목표에서부터 반대로 역산해 세부 계획을 세우거나 눈앞에 있는 일에 '보상'을 만든다.
- 결과는 실행한 뒤에 생각하기로 하고, 집중할 대상을 빠르게 선택한다.
- 지속적인 집중을 위해 노력해야 할 부분을 찾는다.

타입 8

좌뇌

행동

효율

특징

- 사물을 합리적으로 생각하는 버릇이 있다.
- 말이나 생각보다 실천이 빠르다.
- 논리적인 측면에서 쓸데없는 노력만큼 낭비는 없다고 생각한다.

집중력을 높이는 맞춤 방법

- 목표에서부터 반대로 역산해 세부 계획을 세우거나 눈앞에 있는 일에 '보상'을 만든다.
- 자신이 한 일과 그에 따른 성과를 세세하게 기록한다.
- 지속적인 집중을 위해 노력해야 할 부분을 찾는다.

되새김질을 통해
실패를 복기하라

  자신의 집중 타입을 찾으셨나요? 다양한 조합으로 '2×2×2=8 종류'의 타입이 나왔습니다. 어떤 일을 할 때 어디에서 포기하고, 왜 실패하는지를 찾는 중요한 단서가 될 것입니다.

  일이든 공부든 무엇이 됐든 처음부터 척척 해내는 사람은 없습니다. 누구나 실패나 실수를 통해 교훈을 얻고 성장합니다. 실패를 좌절에서 다시 도전하는 힘으로 바꿀 수 있도록 자신의 집중 타입에 대해 깊이 생각해봅시다. 그러고 나서 목표나 작은 과제를 세울 때 지금까지 반복됐던 실패의 원인을 반영해보세요.

실패를 복기하는 가장 좋은 방법은 '변명'입니다. 흔히 어떤 잘못이나 실수를 한 후에 변명하는 사람을 안 좋게 평가합니다. "저 사람은 잘못을 뉘우치는커녕 변명만 늘어놓는다"라며 혀를 끌끌 차기도 합니다. 그러나 변명은 상당히 긍정적인 행위입니다. 문제가 생기게 된 이유와 원인을 다각도로 고민하고 분석하게 되니까요.

'내가 무엇을 잘못했지? 내가 왜 그렇게 행동했지? 어디서부터 잘못됐을까?'

이러한 식으로 자신의 생각을 변명이라는 언어로 발화함으로써 똑같은 실수를 반복하지 않을 수 있습니다.

집중력은 행동만큼 심리적 측면에서 많은 영향을 받기 때문에 똑같은 부분에서 실패를 반복할 가능성이 있습니다. 어떤 방법을 써도 집중하지 못한다는 것은 '내 안의 똑같은 지점'에서 걸려 넘어지고 있다는 의미일 수 있습니다.

변명은 그것이 무엇인지를 알아보기 위한 유효한 방법이 될 것입니다. 자신의 생각이나 행동을 되새김질해보면 마음이 연마되면서 더욱 집중하기 쉬워집니다.

집중력에 대해 연구할수록 신기했던 점이 있는데, 목표나 큰 과제를 세울 때는 신이 나서 당장 시작하고 싶은 마음이 드는데 막상 작은 과제를 실행할 때는 의욕이 줄어듭니다. 예를 들면 기획하는 일은 재미있지만, 기획안의 세부적인 부분을 채워나가는 일에는 좀처럼 집중이 안 돼서 성과를 내지 못하는 경우가 있습니다.

도쿄대생 중에도 이런 경험이 많았다고 합니다. 그들 중에는 보통 사람이 읽지도 못하는 어려운 기호로 쓰인 수학 문제를 척척 풀어내면서도 리포트 쓰는 데는 오랜 시간이 걸리는 사람도 있었습니다.

여러분이 잘 집중하지 못하는 것은 어쩌면 생각보다 아주 작은 부분이 마음에 걸렸기 때문일 수 있습니다. 작은 한 부분이 마음에 걸려서 전체가 잘못되는 경우입니다. 반대로 생각해보면 그 부분만 고치면 고질적인 문제가 쉽게 풀려 개개인에게 최적화된 집중을 할 수 있게 된다는 의미입니다.

아웃풋을 공유하면 집중이 높아진다

또 한 가지 추천하고 싶은 방법은 적극적으로 아웃풋을 다른 사람들에게 보여주는 것입니다. 내가 세운 목표나 지금까지의 과정, 결과를 다른 사람과 공유하는 것입니다.

학생이라면 선생님에게, 회사원이라면 상사나 동료에게, 또는 친구나 가족에게 모두 공개하고 피드백을 받습니다. 이는 도쿄대생이 가장 잘 활용하는 방법입니다.

학생의 경우 자신의 공부 계획표나 필기 노트, 시험 점수 등을 선생님에게 보여주고 객관적인 피드백을 받아 다음 공부에 적용할 수 있습니다. 혼자였다면 아무렇지 않게 넘어가거나 의식하지 못해서 지나쳐버린 부분이 있을 겁니다. 아웃풋을 다른 사람에게 보여줌으로써 자신도 몰랐던 문제를 인식해서 수정할 수 있습니다.

다른 사람의 시선은 다면적인 효과가 있습니다. 실제로 불우이웃을 돕는 모금함이나 위험한 공사현장 기계에 눈이 그려진 스티커를 붙이면 모금액이 늘어나고, 안전 의식이 생겨 사고가 줄어든다는 연구 결과가 있습니다. 이와 마찬가지로 다른 사람에게 자신의 아웃풋을 보여주면 저절로 의식하게 되어 평소보다 힘을 내게 됩니다.

요즘 집이나 도서관보다 카페에서 공부하거나 일하는 사람들이 많아졌습니다. 대화나 음악 소리 등이 복합적으로 섞인 '백색소음'이 심리적으로 안정감을 주기 때문입니다. 게다가 여러 사람이 모인 곳이라 자연스럽게 시선을 의식하기 때문에 집중이 더 잘되는 효과가 있습니다.

또한 글을 쓸 때도 다른 사람이 볼 거라고 의식하면 '나만 알아보면 되지'라는 생각으로 쓸 때와 전혀 다른 결과가 나옵니다. 정리하는 방식은 물론 글씨체까지 달라지는 것을 확인할 수 있죠.

아무리 원대한 포부와 꿈이 있더라도 매일 같은 일을 혼자서 지속해나가는 것은 누구에게나 어려운 일입니다. 또한 내가 하는 일이나 판단은 주관적인 기준이기 때문에 문제를 의식하거나 개선하는 것도 쉽지 않습니다.

경영의 기본으로 불리는 'PDCAPlan, Do, Check, Action' 기법으로 말하자면 점검은 'Check'를 적극적으로 실행하는 단계입니다. 실패를 복기하거나 아웃풋을 공유하는 점검은 긍정적인 자극과 객관적인 평가가 가능해집니다. 특히 제삼자의 독립적인 피드백을 참고하면 공부 효율을 훨씬 더 빠르게 올릴 수 있습니다. 업무 성과나 개인의 능력을 높이는 데도 큰 효과가 있습니다

신중파와 행동파가
일 잘하는 법

상사가 갑자기 서류 뭉치를 들고 와서는 "이 일을 가능한 한 빨리 처리해줘!"라고 한다면, 여러분은 언제 일을 시작하겠습니까? 이 말을 듣자마자 바로 시작하겠습니까? 아니면 자신의 일 먼저 처리하고 늦게 시작하겠습니까?

이 질문에 대한 답에 따라 신중파와 행동파로 나뉠 수 있습니다. 행동파는 전자, 신중파는 후자를 선택하는 경향이 강합니다. 신기하게도 신중파와 행동파의 가장 큰 차이는 '가능한 한 빨리'라는 말의 의미를 받아들이는 방식에 있습니다. 행동파는 '빨리'라는 말에 반응했고, 신중파는 '가능한 한'에 집중해서 같은 말인데도 다른 해석이 나왔습니다.

여기서 행동파와 신중파가 잘하는 것과 못하는 것을 확인할 수 있습니다. 긴 시간을 투입해 추진해야 하는 일은 기분에 따라 자유롭게 일하는 사람보다 정확한 스케줄에 맞춰 일하는 신중파가 더 적합합니다.

신중파는 장기적인 일을 할 때 집중을 훨씬 잘합니다. 그러나 단기적인 일, 즉 재빠르게 움직여서 해결해야 하는 일에는 어려움을 느낍니다.

행동파는 신중파와 정반대의 사람들입니다. 빨리 끝내야 할 때는 집중을 잘하는데, 스케줄에 맞춰 움직여야 한다거나 금방 성취감을 느끼지 못하는 일에는 좀처럼 집중하지 못합니다.

그런데 행동파 성향이 강하다고 해서 단기적인 일만 맡을 수는 없습니다. 살다 보면 자기에게 맞지 않아도 반드시 해야 하는 일들이 있습니다. 그럴 때는 어떻게 해야 할까요?

행동파인 사람에게 추천하고 싶은 방법은 '한 번에 끝내기'입니다. 한마디로 장기적인 일도 한 방에 끝내버리는 것입니다.

스케줄에 맞춰서 조금씩 단계별로 진행하는 방식이 맞지 않는 사람이라면 하루 날을 정해서 모든 집중력을 올인하는 것입니다. 개학 전날 방학 숙제를 몰아서 하듯이 말이죠. 자기 페이스대로 일을 처리할 수 있기 때문에 오히려 효과적입니다.

신중파인 사람에게는 '문제 해결 시간을 정해두기'를 추천합니다. 하루 중 돌발적으로 생기는 일을 처리할 수 있는 예외 시간을 만들어두는 것입니다.

예를 들면 점심시간 이후 1시간, 또는 집중이 잘 안 되는 퇴근 1시간 전 등 갑작스럽게 생기는 일을 처리하는 시간을 만들어서 그 시간만 쓰는 것입니다. 그러면 자신의 일이나 계획에 방해되지 않습니다. 그 시간에 할 일이 없다면 다행이라 생각하고 자신의 일을 처리하거나 다음 일을 시작하면 됩니다.

이처럼 자신이 가진 성향을 알아두면 상황에 맞는 적절한 집중법과 대처법을 빨리 찾아내서 적용할 수 있습니다.

노력하지 않아도
괜찮다

인간의 뇌가 노력할 수 있는 뇌와 노력할 수 없는 뇌로 나뉜다면, 여러분은 어떤 생각이 드나요?

 그럼 나는 노력할 수 없는 뇌인가봐요.

네, 분명 이렇게 초조해지는 분들이 있을 것입니다.

최근 연구에서 뇌의 작용이 선천적으로 '노력을 지속하기 어려운 타입'과 '지속적으로 노력을 잘하는 타입' 두 가지로 나뉜다는 사실이 밝혀졌습니다. 미국 남부의 밴더빌트대학교Vanderbilt University에서 진행한 연구입니다.

1장에서 설명했던 섬피질을 기억하시죠? 다시 말해 노력할 수 있느냐 없느냐는 선천적으로 타고나는 부분이기 때문에 정신력만으로 극복할 수 없습니다.

하지만 걱정할 필요는 없습니다. 그런 사람들에게는 노력보다 뛰어난 '효율성'이 있기 때문입니다. 이노베이션innovation, 즉 기술 혁신은 효율성을 중시한 결과입니다. 일을 효율적으로 하기 위해 기계가 만들어졌고, 물물교환을 효율적으로 하기 위해 돈이 만들어졌으며, 연락이나 소통을 효율적으로 하기 위해 메일과 휴대전화가 만들어진 것입니다.

도쿄대생이 일본 최고의 인재로 불리는 것은 최소한의 노력으로 최대의 결과를 내는 가장 효율적인 집중법과 공부법을 알고 있기 때문일 것입니다.

나는 이런 방법을 알기 전에는 정신력으로 스스로를

고무시켜 좋게 말하면 '순수하게', 솔직하게 말하면 '무식하게' 공부를 했습니다(그래서 삼수를 했지요). 물론 그 시간을 쓸모없다고 생각하지는 않습니다만, 좀 더 빨리 효율적인 방법을 알았다면 좋았겠다는 아쉬움이 있습니다.

그런 아쉬움보다는 보람과 성취를 느끼면 좋겠다는 마음으로 학생들을 가르쳤고, 이 책도 집필했습니다. 단번에 집중력이 상승하는 것은 쉽지 않은 일이지만 불가능한 일도 아닙니다. 초집중 기술은 누구라도 따라할 수 있습니다. 이번 기회를 통해 자신이 어떤 사람인지, 무엇을 하고 싶은지, 깊이 생각해보는 시간을 갖기를 바랍니다.

4장 포인트

• 자신에게 맞는 집중법을 찾기 위해 '점검' 단계가 중요하다.

• 8가지 집중 타입에서 자신의 타입을 파악해두자.

• 아웃풋을 되돌아봄으로써 자기이해를 심화할 수 있다.

• 일이 차곡차곡 쌓여간다는 감각을 느끼게 되면 무기력을 이길
  수 있다.

• 변명은 실패를 반복하지 않는 현명한 방법이다.

멈추지 않는 이상
어딘가에는 도착하게 됩니다

지금까지 이 책을 읽어주셔서 진심으로 감사합니다.

어떤가요? 집중해서 일이나 공부를 시작할 수 있겠다는 자신감이 생기셨나요? 마지막으로 여러분에게 꼭 알려주고 싶은 것이 있습니다. 바로 '어쨌든 해본다'는 마음의 원칙입니다.

여러 번 반복해서 설명했지만 능동적인 상태가 되면 누구라도 집중에 빠져들 수 있고, 그 다음부터는 아웃풋이나 점검을 통해 집중력을 더 오래 지속할 수 있습니다.

그럼에도 상대적으로 가장 어렵다고 느끼는 것이 '첫

걸음'입니다.

여러분이 이 책을 끝까지 잘 읽었다면 스르륵 빠져드는 초집중 기술을 완벽하게 이해했을 것입니다. 그러나 아직도 실천을 망설이거나 주저하는 사람이 분명 있을 것입니다. 이해합니다. '그래, 한번 해보자' 하는 마음을 이끌어내는 것이 사실 가장 어렵습니다.

머리로 아는 것과 행동하는 것은 다르다

나는 삼수를 하고 도쿄대에 상위권으로 합격했습니다. 기쁜 마음으로 소식을 전하자 주변 사람들이 나에게 가장 많이 한 질문은 "어떻게 공부했어?"나 "공부하느라 많이 힘들었지?"가 아니라 "와아, 너는 그런데도 어떻게 도쿄대에 갈 생각을 했어?"였습니다.

기본적으로 머리도 좋지 않고, 공부도 해본 적이 없는데다 항상 성적이 꼴찌였던 내가 말도 안 되게 큰 목표를 세운 것이 더 신기했나봅니다.

어쩌면 나는 무엇도 이뤄본 적이 없었기 때문에 도전할 용기를 선뜻 가졌는지도 모르겠습니다.

'하고 싶은 마음'을 '하는 행동'으로 바꾸려는 용기

이것이 첫걸음에서 가장 중요한 요소가 아닐까요.

집중력을 방해하는 많은 원인 중에서 가장 큰 요인은 '난 못 해', '나는 안 돼'라는 생각입니다. 목표를 세우는 단계에서 '아니야, 내가 이걸 할 수 있을 리가 없어'라고 단언하거나, 실행하기도 전에 '아니야, 해봤자 안 될 거야'라며 자신이 하려는 일의 보상이 제로라고 결정짓는 것이 집중력을 방해하는 적입니다.

첫걸음을 신속하게 옮기기 위해서는 논리와 근거 또는 지금까지의 실패 경험을 모두 무시하고, '아, 몰라. 결과가 어떻게 되든 나는 자신감을 갖고 집중해볼 거야!'라고 생각해보는 것도 좋은 동기라고 생각합니다.

머리로 아는 것과 실제 행동하는 것은 전혀 다른 차원의 일입니다. 여기서 집중하는 법을 배운 것만으로는 여러분이 기대하는 결과나 성과가 나타나지 않을 겁니다. 공부법을 배운 것만으로도 성적을 올릴 수 없습니다. 변화는 실천에서부터 시작되기 때문입니다.

고등학교에서 아이들을 가르칠 때 성적이 빠르게 오르는 학생들에게는 뚜렷한 특징이 있었습니다. 그들은 수업 시간에 집중을 잘하기도 했지만, 내가 가르쳐준 것들을 짧은 시간 안에 실천으로 옮겼습니다.

특히 목표의 중요성에 대해 이야기했을 때는 다음 날 자신이 세운 목표와 계획표를 들고 와서 내게 검토를 요청하기도 했습니다. 성적이나 성과가 빠르게 오르는 사람과 그렇지 않은 사람의 차이는 이 지점에서 극명하게 드러납니다.

스스로 긍정했을 때나 긍정하지 못했을 때나 어느 상황에서라도 '일단 시작한다'는 생각이 중요합니다. 일본에서 가장 똑똑하다는 도쿄대생, 그중에서도 상위 성적의 엘리트 역시 이 말에 동의했습니다.

물론 근거 없는 자신감을 갖는다는 것은 쉽지 않은 일입니다. 나의 경우를 보자면, 처음 도쿄대에 들어가겠다는 목표를 세웠을 때 정말 합격할 수 있다고 생각하지는 않았습니다. 사실은 '절대 무리'라고 내심 포기하는 마음도 있었습니다. 학년 꼴찌였잖아요. 그러니 목표와 다르게 불합격을 떠올리지 않을 수가 없었습니다.

이제 와서 하는 말이지만 몇 번이나 체념하고, 체념하면서도 공부하고, 체념하면서도 목표를 포기하지 않고 유지해나갔습니다.

삼수할 때의 기분은 정말 참담했습니다. 두 번이나 떨어진 뒤의 도전이었기에 '또 떨어지겠지'라는 생각을 한편으로 하면서도 목표 만큼은 결고 바꾸지 않았습니다.

당시를 떠올려보면 고민이 너무 많아서 모순되는 행동을 반복했던 것 같지만, 지금은 여러분에게 자신 있게 말할 수 있는 단 한 가지 확고한 믿음이 있습니다.

> **마음속 어딘가에서 체념하고 있어도 괜찮다는 믿음**

목표를 달성하지 못하거나 끝까지 해낼 수 없을지도 모른다고 걱정해도 괜찮습니다. 자신을 완전히 믿지 못해도 괜찮습니다. 우선 첫발을 내딛어보는 시도가 중요합니다. 누구나 도전 앞에 서게 되면 걱정과 후회를 합니다. 당연히 흔들릴 수밖에 없습니다. 그래도 괜찮습니다.

스스로 '무엇이 되든 괜찮다'고 믿는다면 마음만 먹고 망설이던 일을 밀고나가는 행동으로 바꿀 수 있습니다. 그리고 안 될지도 모른다는 가정이나 시간 낭비가 될지도 모른다는 걱정과 불안이 있기 때문에 더욱 전력을 다할 수 있게 될 것입니다.

한계를 뛰어넘는 믿음의 힘

내가 불쑥 도쿄대에 가고 싶다고 하자 담임선생님은 이렇게 말했습니다.

"그래, 결과가 어떻든 간에 끝까지 해보는 게 중요해."

그 말 하나로 도쿄대를 목표로 정했고, 결국 이뤘습니다. 그때 선생님이 나에게 해주셨던 응원의 말들을 지금도 기억합니다.

"사실 인간은 하나의 선으로 둘러싸여 있단다."

여기서 선은 'なれません'을 의미합니다(일본어로 안 된다는 뜻. 선을 '센'이라고 발음하는데, '나레마셍'의 마지막 음절과 소리가 동일하다는 점에서 착안해 만든 말_옮긴이). 처음 이 말을 들었을 때는 의미를 깨닫지 못하고 웃었습니다.

나 "선생님, 그거 아재 개그 아니에요?"

선생님 "그런가? 근데 이 선은 정말로 존재해. 초등학교 때 어떤 사람이 되고 싶었는지 기억하니? 축구선수나 야구선수, 우주비행사가 되고 싶다고 막연하게 생각했다면 다음으로 뭘 해야 될까를 고민했을 테고, 꿈이 이뤄지지 않을지도 모른다고는 전혀 의심하지 못했을 거야."

나 "음… 그랬던 것 같아요"

선생님 "그런데 어른이 되어가면서 점점 이런 꿈이 작아지고 꺾여버리지. 지금 성적으로 우주비행사는 꿈도 못 꾸겠고, 축구선수나 야구선수는 나보다 운동 잘하는 사람들이 너무 많다고 느끼지. 이렇게 생각하다 보면 되는 것보다 안 되는 것이 늘어나게 돼. 점점 내 쪽으로 '안 된다'는 선이 가까워지는 거야."

나 "…."

선생님 "그러면 인간은 그 선 밖으로 나갈 수 없게 돼. 실패하기 싫으니까 스스로가 만든 선 밖으로는 한 발짝도 나가지 않으려 하지. 해봐도 소용없다고 합리화하면서 선 밖으로 나가지 않아."

나 "아, 정말 그럴지도 모르겠어요."

선생님의 이야기를 듣기 전까지는 나도 내가 할 수 있는 일의 한계를 단정해버리고, 그 이상의 일은 내 영역이 아니기 때문에 의욕도 생기지 않았습니다.

고등학교 2학년이 될 때까지도 공부에 흥미를 전혀 느끼지 못했고, 계속 꼴찌를 해도 부끄럽지 않았던 것은 '어차피 해도 소용없어. 시작하기에는 너무 늦었어'라는 생각으로 스스로 선을 그었기 때문이었습니다.

선생님 "근데 너한테만 비밀을 말해줄까? 사실 그 선은 환상이야."

나 "그게 무슨 말이에요?"

선생님 "말 그대로 선은 환상이라서 애초부터 존재하지 않았다는 거지. 내가 그은 선이니까 거기에 뭔가가 있는 것처럼 느끼지만, 사실 거기에는 아무것도 없어. 그게 선의 본질이야."

나 "그럼 저는 헛된 생각에 사로잡혀 있던 건가요?"

선생님 "그렇지, 자신의 가능성이나 잠재력을 사용해보지도 않고 마음대로 내린 결정이지. 할 수 없다, 자신이 없다, 못한다는 말은 선 밖으로 나가지 않으려는 핑계에 불과해."

나 "내가…."

선생님 "움직일 때 딱히 주의를 기울이지 않으면 어딘가에는 꼭 부딪히게 돼. 이것은 자연스러운 현상이니까 미리 두려워할 필요가 없어. 자신이 그어놓은 선을 넘겠다는 용기만 생긴다면 그게 무엇이든 분명 자기 인생에 값진 것을 얻게 될 거야. 또한 더 많은 사람을 만나서 더 큰 세상을 경험하게 되지. 설사 다른 사람보다 내가 나아가는 속도가 느리거나 성과가 잘 보이지 않더라도, 움직이는 한 무엇이든 만날 수 있어. 가장 큰 걸림돌은 움직이려고 하지 않는 마음 그 자체야."

선생님의 말처럼 움직이지 않는 것, 애초에 선을 정해두고 나아가기를 포기하는 것, 보상이 없다고 아무런 행동도 하지 않는 것은 자신을 사랑하지 않는 무척 안타까운 일입니다.

내가 움직이지 않으면 어디에 도착할지, 무엇이 될지 알 수 없습니다. 피어나는 새싹을 잡초라고 생각해서 잘라버리면 어떤 식물인지 또는 어떤 나무인지 결코 알 수 없게 되겠죠.

마음먹은 대로 살아간다

집중해도 노력이 물거품이 될 수 있고, 달성하려는 목표에 도달하지 못할 수도 있지만 그래도 괜찮습니다. 여러분이 선을 넘어 무언가에 집중했다면 결코 쓸데없는 일이 될 리가 없습니다.

이 책에서 강조한 것처럼 스스로 목표를 선택하는 것은 능동적인 행동입니다. 이것이 선을 넘어서는 용기입니다. 용기가 있는 사람은 당연히 적극적으로 움직이고, 자연스럽게 집중할 수밖에 없습니다.

그러니 부디 여러분도 이런저런 조건이나 결과를 따지지 말고 무조건 도전해보세요. 시간 낭비가 될 수도 있고, 기대보다 결과가 낮을 수도 있지만 아무것도 하지 않은 것보다는 낫습니다.

자신이 행한 일의 의미는 나중에 생각해도 됩니다. 걸음을 멈추지 않는 이상 분명 여러분은 어딘가에 도착하게 될 것입니다. 여러분의 주변에는 선이 없습니다. 있어도 없다고 생각해보길 바랍니다. 그러면 무엇이든 꿈꿀 수 있고, 무엇이든 성취할 수 있습니다.

여러분은 지금 '언덕 위의 공'입니다. 이미 잘 굴러갈 수밖에 없는 곳에 서 있습니다. 결심 하나로 마음먹은 곳에 도착할 수 있습니다. 집중하는 법을 자신의 것으로 만든다면 특별히 힘을 가하지 않고도 저절로 굴러갈 수 있습니다. 무리하지 않고 자연스럽게, 그리고 적극적으로 집중할 수 있습니다.

걱정하지 말고 걸음을 내딛어보세요. 첫걸음하지 않으면 미래는 결코 바뀌지 않습니다. 여러분이 정말로 하고 싶은 일을 향해 움직이고, 가장 빠르게 효율적으로 끝마칠 수 있기를 기원하며 펜을 놓겠습니다.

끝까지 읽어주셔서 감사합니다.

만날 수는 없지만

마음 깊이 응원하는 팬으로부터

If you can dream it,
you can do it.

− Walt Disney −

그래서 어떻게 하면
집중할 수 있습니까?

초판 1쇄   2020년 6월 25일

지은이   니시오카 잇세이
펴낸이   서정희
펴낸곳   매경출판㈜
옮긴이   강다영
책임편집   조문채
마케팅   신영병 이진희 김보은
디자인   김보현 이은설

매경출판㈜
등록   2003년 4월 24일(No. 2-3759)
주소   (04557) 서울시 중구 충무로 2(필동1가) 매일경제 별관 2층 매경출판㈜
홈페이지   www.mkbook.co.kr
전화   02)2000-2612(기획편집) 02)2000-2636(마케팅) 02)2000-2606(구입 문의)
팩스   02)2000-2609   **이메일**   publish@mk.co.kr
인쇄 · 제본   ㈜M-print   031)8071-0961
ISBN 979-11-6484-143-1(03190)

이 도서의 국립중앙도서관 출판예정도서목록(CIP)은 서지정보유통지원시스템 홈페이지(http://seoji.nl.go.kr)와
국가자료공동목록시스템(http://www.nl.go.kr/kolisnet)에서 이용하실 수 있습니다.
(CIP제어번호: CIP2020024408)